ロビンへの手紙

ペンデュラムダウジング集中講座

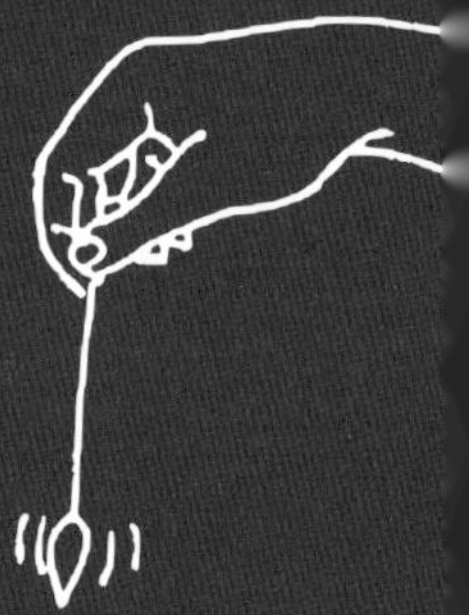

多くの感謝のことばを贈ります

愛する妻ジョイスに
その無限とも思える忍耐と輝くような言葉をつづる才能に
アンジェラ、ボイド、カルメン、シンシア、ジェーン、ジョリン、
リンダ、ニコラス、ロビン、そしてトニーに
その本の編集作業に対する助けに
そして、多くのダウザーたちに
その叡智、思想、経験、理解による助けにより
この本の完成を可能にしてくれたことに

『ロビンへの手紙』に寄せて

ウォルト・ウッズは、ベリー・クリーク・カリフォルニアで育ちました。その土地では公共の水道がなかったため、誰もが井戸を掘って水を得る必要がありました。そんな中、ウォルトの父はウォーターダウジング（ダウジングによる水源探し）に取り組んでいたそうです。

ウォルトは、地元の大学でX線技術を教えながら、アメリカダウザー協会のミーティングで講座を受け持っていました。彼は、人生のほとんどをダウジングと共に過ごし、自身のさまざまな疑問に対する答えをその技術で見つけ、さらにダウジングに興味がある人たちに、ダウジングを正しく効果的に行うためのサポートをしていました。

本書『ロビンへの手紙』は、ダウジングを成功させるための多くの提案をしている、非常にわかりやすい解説書です。順を追って説明されているので、初心者でも学びやすく、技術を上達させることができます。

さらに『ロビンへの手紙』は、ダウジングの定義やプロセス、ダウジングシステムへの信頼、正しい質問をすることの重要性やルール、そしてさまざまなプログラミング法がまとめられています。そのため、この本はダウジングの講習を行う際のテキストとしても多く利用され、素晴らしい結果を残してきました。

シャリー・ホープ

1977年カリフォルニア州オロビルに転居してから、ウォルトのもとでダウジングの学びを始める。1979年、初めて自身の井戸をダウジングし、その後1000以上の井戸のダウジングを成功させる。カリフォルニア州オールビルにあるゴールドカントリーダウザーズの会長を30年間務めながら、ダウジング協会北カリフォルニア支部で講演を行っている。2015年、アメリカダウザー協会「ポール・セヴィニー賞1000+ウォーターウェルズ」、2016年「エデューケーター・オブ・ザ・イヤー」、2018年「ダウザー・オブ・ザ・イヤー」を受賞。

まえがき　この本ができた理由

ロビンは、ダウジングについて問題を抱えていました。それは多くのダウジング初心者がもつ典型的なものでした。つまり、ダウジングの正確性と反復性の問題です。

そして彼女は、アメリカダウザー協会に手紙を送ってアドバイスを求めたのです。協会は10名のダウザーの名前とその連絡先を彼女に伝えました。そして、私の名前もその協会推薦の10名の中に含まれていました。ロビンは全員に手紙を送り、そのすべてのダウザーから返事をもらい、ダウジングのアドバイスをもらうことになりました。

私はダウジング初心者の助けになる本が必要だとかねてから思っていました。そして、このロビンの手紙がそれに取り掛かるきっかけとなったのです。多くのダウザーたちの意見を取り入れながら、できる限りわかりやすい本にする努力を続けました。その結果、この本は改善のための改訂を重ねることとなりました。

この本の成り立ち

１９８０年から10年を超える期間、**多目的ダウジングシステム**を研究発展させてきました。それがこの本をつくり出すことにもなったのです。

そのダウジングシステムは、最初は１ページでしたが、多くのダウジングミーティングを通して最終的に12回の改訂を繰り返し、８ページになりました。結果として、私は多くのダウザーから情報と改良のアイデアを受けることになり、そのような形で改訂は重ねられたのです。

多目的ダウジングシステムは自ずとより深い内容になっていき、ダウジング初心者にとってはわかりにくいものとなってしまいました。そのため、わかりやすくシンプルなダウジング入門書が別途必要だと思いました。その入門書によって、ペンデュラムの使い方、プログラミング方法、測定評価法、ダウジングを行う適切な状態のつくり方、そしてダウジングの質問の方法がわかるようになる必要があります。ダウザーたちは多くの異なるツールを使い、多くの異なる方式を用いますが、その根底にはしっかりとした共通の基礎があるのです。

この「ロビンへの手紙」は、私の認識する基礎原理と知識、そして多くのダウザーの経験と理解からできあがっています。そして、優れた技術をもつダウザーたちは、その基本システムをそのまま使うだけではなく、特別な改良をしたり、独自のノウハウを付け加えたりすることも多いことを覚えておいてください。

対　象

この本は、初心者がダウジングを学ぶためのものとして編集されました。ダウジング教室の教材に使えますし、経験のあるダウザーたちが改めてダウジングを見つめ直したり、議論したりできる高度な内容も含んでいます。

この本の使用方法

20〜30分でさっとこの本の全体を読むことで、容易に概要が理解できるでしょう。そのようにして、まずは全体を大まかに理解してみて

多目的ダウジングシステム

ひとつの共通のダウジングシステムを使い、複数の目的のダウジングによる適切な対処を目指したもの。ダウジングの基本原理がひとつであれば、それが可能であるとウォルト・ウッズは考えました。この本ではそれが表現されています。システムを各場面に適応させ、チャートについても万能な複合タイプを提案しています。

ください。そして、初心者の方は一度に多くのことをやろうとせず、ＳＴＥＰごとに順番に練習してください。それぞれのＳＴＥＰは簡単な説明で構成されているので、容易に理解できると思います。この簡単なことを行うだけで、驚くほど早くダウジングを習得していくことができるでしょう。

よりよいダウジングのために

３章「自分のダウジングを信じる」（39ページ）、５章「ベストなダウジングのために」（57ページ）、特に「⑦診断行為をしない」（64ページ）をよく把握した上で、さまざまな分野のダウジングを行ってください。ゆっくりと注意深く、特に他者やお金に関わることは、経験豊かなダウザーと共に行うのがよいでしょう。

よいダウザーになるには、焦らず時間をかけて練習を積み重ねることです。そうすることであなたはダウジングの技術が身につくだけでなく、自分自身、さらには他者のためにダウジングを真の意味で役立てることができるようになるのです。

ロビンへの手紙　目次

ロビンからの手紙……16

1

ダウジングを学ぶ……21

ＳＴＥＰ ＢＹ ＳＴＥＰ練習法について……22
時と場所……22
準備……23
ＳＴＥＰ① リラックスする……24
ＳＴＥＰ② ペンデュラムを持つ……24
ＳＴＥＰ③ ＹＥＳのスイング……25
ＳＴＥＰ④ ＮＯのスイング……26
ＳＴＥＰ⑤ ＹＥＳの位置に戻る……26

STEP⑥ YESに戻って繰り返し練習する……26
中間地点……27

2
プログラミング……29
プログラミング 重要なSTEP……30
〔3STEPプログラムインストール法〕……31
STEP⑦ ダウジングシステムへのプログラム……33
基本プログラム……34
STEP⑧ 最終確認……37

3
自分のダウジングを信じる……39
あなたのプログラミングについて……40
STEP⑨ ペンデュラムに質問する……41

いつあなたが自分のダウジングを信頼できるようになるか……42
STEP⑩ 基本プログラムを再入力すべきか確認……43

4 ダウジングの質問……45
さまざまなツール……46
ダウジングの質問の方法……47
よい質問文をつくる……50
質問のテスト……53
最高のダウジング結果を得るために……55
最後に……55

5 ベストなダウジングのために……57
ダウジングにおける10のすべきこと、すべきではないこと……58
基本的なダウジングツール……66

目的別プログラム……74
〖水脈プログラム〗……75
〖飲食物プログラム〗……76
有害なエネルギー……78
〖有害エネルギープログラム〗……79
マップダウジング……82
〖マップダウジングプログラム〗……82
ダウジングの原理とは？……85
潜在意識から顕在意識への情報の引き上げ……88

6

100を超えるエネルギーチェック項目（復習とその手順）……93
1　コンディションプログラム……94
◎STEP BY STEP コンディションプログラム設定手順……95
2　質問……97

3　より詳細な分野と分析……98
◎STEP BY STEP コンディション調査手順……99
ネガティブ反応を得たときどうするか？……102
エネルギーの修正……102
〔有害エネルギー修正プログラム〕……105
稀に起こること……106
特殊な存在からの悪影響の対処法……106
100を超えるエネルギーチェック項目　影響度の確認手順……106
〔コンディションプログラム〕……108
『ロビンへの手紙』の使い方……113
翻訳者あとがき……117

翻訳者より

本書では、翻訳者からの解説をつけています（ゴシック体の小さい文字の文章）。これは、読者の皆さんのダウジングの学びと研究を深めるため、あるいは本文の意味をわかりやすくするためのもので、ある程度のダウジング経験のある方のための情報となります。

初心者の方はまずはその部分は飛ばし読みをして、経験を積んだ後でさらに深く考えるために役立ててください。経験者の方にしても本文のシンプルな構成である主軸の理解と習得を優先したうえで、解説部分に取り掛かるようにしてください。

ロビンへの手紙

ペンデュラムダウジング集中講座

ロビンからの手紙

私はロビンから丁寧な文章の興味深い手紙を受け取り、次のように返事を書きました。

ロビン様

お問い合わせをありがとうございます。とても興味深い質問を頂きました。できる限りお役に立てるようにいろいろと考えながら、この返事を書いています。あなたはダウジングがどうもうまくいかず、またそのダウジング結果は今ひとつ信頼できるものではないと感じているとお手紙に書かれておりました。

また、最も優れたダウジングツールは何かということにもご興味を持たれています。そして、どのようにして自分のダウジング技術を向上させていけばよいのか、その方法を知りたいということでした。

また、あなたはダウジングをするときの質問文の作り方がとても重要だと聞いたことがあるとのことでした。あなたが抱える問題の解決のために、いくつかの提案をさせて頂こうと思います。

ダウジングとは何か？

ダウジング（ウォーターウィッチング、ディバイニング、クエスティング、ドゥードゥルバギング）とは古代から伝わる技法で、水や鉱石、あるいは自然の磁力、電磁波、あるいは未知のエネルギーをもつ何かを見つけ出す技術です。

体の中でつくられた何か、あるいは科学的に説明できるようなセンサーのようなもので私たちの体がエネルギーを探知している、ダウジングはそのようなものだと思います。そして、それは私たちが通常の生活で見たり聞いたり感じたりするのと同じように、ごく自然なことであり、不思議なものではないと思っています。音楽と同じように、私たちはダウジングの技術を訓練や練習で高めることができるのです。

ある視覚的風景が胃に何かの感覚をつくることがあります。たぶん、その時は無自覚・無意識に他の何らかの反応も起こしていることでしょう。水脈や地下の物質に無自覚・無意識にほのかな反応を起こすのも似たような現象だと思います。そして、さまざまなダウジングの道具が潜在意識にコントロールされた特定の反応でその探知を示すのです。

ダウジングを共に行うグループや協会の目的は、経験、成功、失敗、そしてそのような出来事の積み重ねから得られた情報を分かち合うことなのです。それはとても楽しく、そこにある自由な知的探求心はとても魅力的なものです。

言わば探究の旅は、多くの繊細なエネルギーを敏感に感じ取った結果として得られる何らかの発見につながっていきます。感じる能力と私たちの表層の意識、その2つをダウジングツール（ダウジングをするための各種の道具）は、シンプルにつなぎ合わせてくれているのです。私たちのいるダウジングの世界、それはとても素敵なものです。

ダウジングツール

ダウジングツールについては難しく考えることはありません。それは、ダウジングという行為において、読み取る、接続する、コミュニケーションをとる道具ということなのです。そしてそのツールは、あなたの潜在意識、広い意味での自然、あるいは他のさまざまな要素からコントロールされているのです。

ほとんどの経験豊かなダウザーやプロダウザーたちは基本的なダウジングツールを手元

に揃え、状況に応じて使い分けています。その基本的なダウジングツールとはLロッド、Yロッド、ペンデュラムやボバーのことです。それは何か便利であったり、洋服のハンガーから簡単に作れるもの、あるいは紐で何かを吊るしたものであったりします。通常は特定の目的に対して、最も利便性が高いツールを選んで使います。ダウジングツールには、大きさ、形、素材、さまざまなバリエーションがあります。

経験豊かなダウザーには、決まって各自のお気に入りのツールがあります。しかしながら、彼らはどのようなツールでも上手に使いこなします。

経験豊かなダウザーが使えばどのようなツールでもダウジングが等しくうまくできるように思えるのですが、それでも特定のツールを使うとダウジングがとてもよく機能すると彼らは主張して、決まってそれを使う、そのような傾向があります。

使い慣れたものは心地よく使える、それがよいダウジング結果を

Y-Rod

L-Rod

導いているようにも思えます。いずれにしてもツールの選択はあなた次第です。

ダウジングに使うツールについては、さまざま議論がなされてきました。ウォルト・ウッズが言う「どのような道具でも変わらず経験豊かなダウザーは上手に使いこなすが、どの人もお気に入りの道具がありそれを必ず使っている」という表現には大きな含みがあります。

遠隔ダウジングをするときにその人の名前がわかっていたり、写真があったりするのと、まったくないのとでは、どちらがうまくできるかを考えれば、答えは後者であるといって間違いないでしょう。かつては鉱石、つまり金・銀などを探すダウザーがそれを仕事にしていた時代がありましたが、単に金をイメージするのと、手に金や銀を握り締めてそのエネルギーを感じながら探すのと、どちらが効果的かも明らかです。しかし、金を探す経験を多く積んだダウザーは、金を手に持たずして金を持って探すのと同じ効果を出せることでしょう。ダウジングのツールそのものが、自然科学の法則を使い、前述のような効果を出すツールもこのおおよそ百年の近代ダウジングの歴史の中で開発され、今なお使われているという事実もあります。

参考『エナジーダウジング』加藤展生著　発行元／ホノカ社

ただ、そのようなエネルギー理論を使ったツールを使うとしても、ウォルトのダウジングシステム、つまりメンタルダウジング技術を身につけることで、高い効果性を出すのは言うまでもありません。そのため、初心者向けに編集されたこの本ですが、彼の技術を習得すれば、上級ダウザーの技術も自然に引き上げることになり、その意味でとても価値ある本だと思います。

1

ダウジングを学ぶ

ダウジングを学ぶことは、楽器やタイプライターを習うことに似ています。つまり、正しい指導手順をしっかりと守りながら練習していくことが大切なのです。そして、ダウジングも楽器と同じように喜びをつくり出し、あなたの役に立つことでしょう。

STEP BY STEP練習法について

ロビン、よければ私が考案したシンプルな「ＳＴＥＰ　ＢＹ　ＳＴＥＰ練習法」でダウジングを学んでみませんか。ぜひ「ダウジングを成功させるための10ＳＴＥＰ」をやってみてください。構成された指導プログラムにそって、ＳＴＥＰごとにやっていくだけなのです。各ＳＴＥＰは簡単で、しかもそれほど多くの時間を必要とするものではありません。

時と場所

ダウジングをする環境についての提案があります。一人になれる静かで心地よい場所を見つけてほしいのです。そして、練習は数分なのですが、いつも同じ場所、同じ時間にダウジングをできるようにしてください。それは、あなたの潜在意識、あるいは**スピリチュ**

アルガイドにアポイントメントを取るようなものです。

その場所は、早朝のキッチンテーブルでも夜の遅い時間帯のベッドでも、どんな時間でも場所でもよいのです。あなたにとって心地よい「時と場所」が、ダウジングを学ぶための理想的な環境となります。

しかし、他のダウザーと一緒にワークするとき（経験のあるダウザーはダウジングのエネルギーをあなたに与えてくれるでしょう）、あるいはダウジングが上達したときは、特別な場所で一定の時間にダウジングせずとも安定性の高いダウジングができることでしょう。

準備

まずは次の6つのSTEPの解説をすべて読んでください。これはやろうとしていることの全体の流れを把握するためです。学び取る必要はなく、その流れにただ馴染んでほしいのです。今からやろうとすることの概要を大まかに理解してください。

スピリチュアルガイド
自分に助けを与えてくれる霊的存在。日本語では指導霊などという言い方もされます。霊的存在とのチャネリングはダウジングの中のひとつの要素ともいえますが、それがすべてでは決してなく、基本を主軸に高めていくのがよいでしょう。プロダウザーは霊媒師や霊能者ではないので、積極的にそのような存在にアクセスしようとせず、正しいダウジングの手順をたどってそれを行っているとき、必要なケースで必要なサポートが自然に得られると考える人のほうが圧倒的に多いように見受けられます。

全体の流れに馴染んでください。さっと読んだなら、最初に戻って今度はひとつのSTEPごとに集中して学んでいきましょう。準備はよいですか？　すべて整いましたか？　では始めましょう。

STEP① リラックスする

リラックスしてください。静かに祈りをするときのような状態になってください（アルファ波の状態）。

STEP② ペンデュラムを持つ

ペンデュラムを手に取り（どのようなものでも構いません）、紐もしくはチェーンを親指と人差し指で持ってください。1.5インチ（3・81cm）から3インチ（7・62cm）の長さの位置で持ちます。ストリングスの長さによってペンデュラムスイングの速さが変わります。次にチャートの中心の上方にペンデュラムをもっていきます（本書末尾にチャートがあります）。

STEP③ YESのスイング

では、手を使って（手と指を動かして）ペンデュラムをYESの方向に動くように振ってください。そして、あなたの助けを借りずにペンデュラムが自分の力でその方向に動き続けることをペンデュラムにお願いする、あるいは単にそう望んでください。人と話をするときのような声の大きさとトーン、はっきりした声で頼みます。

もし、動きが止まってしまったら、また同じことを繰り返し、動き続けることを頼みます。ペンデュラムの動きは中心から上までの半分の動きのみに注視して、中心から下の動きは無視してください。ペンデュラムが自分の力だけで動き続けるようになるまで繰り返します。

意図的にあなたの手の動きによってペンデュラムを動かし始め、次はペンデュラムが自分の力だけでスイングを続けるように頼むわけです。これは、事前に設定した特定の反応をペンデュラムが示すという、あなたのダウジングシステムのトレーニングをしているのです。

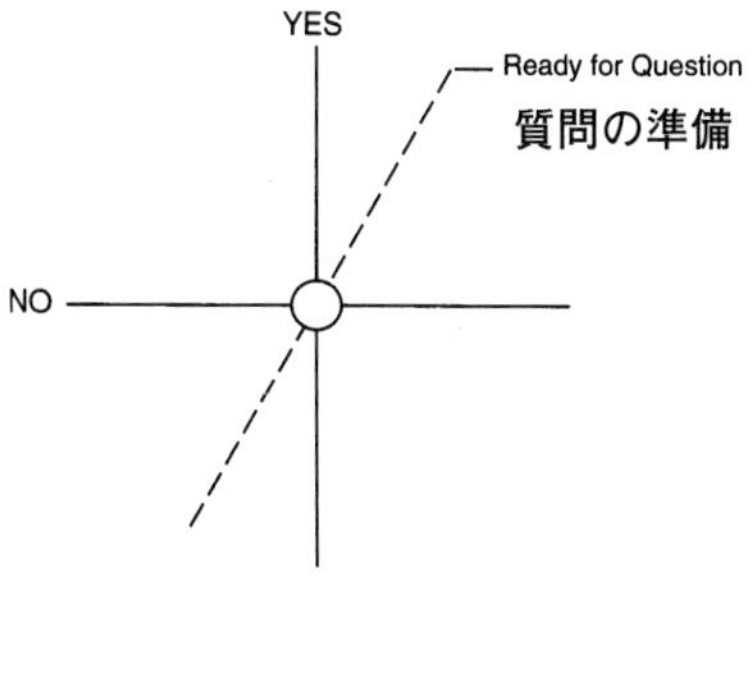

STEP④ NOのスイング

同じことをNOのポジションで行います。指は中央の円の上にあり、スイングの中央から右の動きは無視していきます。

STEP⑤ YESの位置に戻る

NOの方向にペンデュラムが自然に動くようになったら、ペンデュラムが動いている状態のまま、時計回りにスイングがずれていき、YESの位置に戻るように頼みます。そして「質問の準備」に移動するようにします。

STEP⑥ YESに戻って繰り返し練習する

次は反時計回りにスイングがずれていき、「質問の準備」からYESに戻り、さらにNOへ、そして次は時計回りに戻ってYESへとスイングが移動し、「質問の準備」に戻るように頼みます。つまり、YES↓NO↓YES↓質問の準備↓YESの動きを繰り返し練習します。

中間地点

習得が必要な基本ペンデュラム操作は、以上です。その他の必要な要素は次のSTEPで自動的にあなたのダウジングシステムにプログラムされていきます。これまでのSTEPができたなら、ペンデュラムダウジングの学びの道は順調です。学びを進めていく準備ができました。

通常、この練習は説明文に沿って自分一人で行うことができますが、初心者の段階では、経験あるダウザーの指導のもとに練習することも大いに助けになるでしょう。

15分でこのプロセスを習得することができない場合は、30分かけて再度トライする、あるいは別の日にやり直しましょう。

この段階で、ある種のダウジングにおける自分とペンデュラムの相互関連作用を経験することができると思います。あきらめないで何度でもトライしましょう。STEP⑦から⑩を学ぶ前に、あなたのダウジングシステムのプログラミングとその目的を理解する必要があります。

ウォルト・ウッズの基本チャートは左右が非対称なので違和感を感じる人もいるかもしれませんが、アメリカではとてもポピュラーなパターンです。ＹＥＳの時は人は縦に頷き、ＮＯの時は左右に首を振ります。そのため、このＹＥＳとＮＯのペンデュラムの動きはその動きとの親和性がありプログラミングしやすいと考えられました。

チャートダウジングでは、どのようなチャートを使う場合でも、本書にあるようなプログラミングという作業は必須です。料理人が無意識に調理器具を動かすように、車を運転する時にさまざまな操作を無意識にスピーディーにするように、あるいはキーボードを無意識にスピーディーに打つように、野球の選手が無意識に打つ捕る投げるの動作をするように、ペンデュラムが無意識にスムースに動くようになることが大切です。

もちろん、指や手や腕が動いてそれを反映してペンデュラムが動いているわけですが、あたかも、ペンデュラムが自分の力で動いているが如く無意識で行えるようになるまで練習する必要があります。

過度に緊張したり、ペンデュラムが魔法で動いていると信じたりしない限りは、このプログラムという作業はスムースに行えると思います。うまく動かない時は、気軽に意識的にペンデュラムを動かしてサポートしてみてください。それに罪悪感を持つ必要はありません。すぐに無意識にペンデュラムが自由に動くようになります。

2

プログラミング

《プログラミングの定義》

「プログラムとは何らかの目標の達成を目指す行動の計画や方式」（ウェブスター辞典より）「合意された」状態のダウジングシステムの構築がプログラミングの形態である。

プログラミング 重要なＳＴＥＰ

プログラミングの目的は、正確性の精度を最大限にすることです。それは、ダウジングシステムの相互合意、事前設定、単語、文章、条件についての合意と理解によりつくられ、さまざまなペンデュラムやダウジングツールの動きによって意味が示されます。その示される意味を事前に取り決め、それを相互に共有する、共通の意味の理解をす

本書の原文には「agreement」という単語が頻繁に出てきます。これはダウジングの概念、あるいはそのシステムにおいて最も大切な原理と言えます。その単語としての意味は協定、契約、一致、調和、同意、一致、呼応ということになります。ダウジングにおいては、自分のダウジングシステムにおける各意識レベルの言葉の意味、動き、概念の認識を共通化することになります。それが何を意味するかは、本書を読み進めていくと自然にわかってくると思います。

ることにより確立されます。その意味は単語、文章、条件により表現されます。ペンデュラムをYES／NOの方向にうまく動かすことができ、この2つの間をペンデュラムが行き来する動きができ、その練習を行ったあなたは、ダウジングシステムのプログラミングをする準備が整っています。しかし、最初に次の「3STEPプログラムインストール法」の全体を読み、その概念を把握してください。プログラムのインストールはとても簡単で、3つのSTEPを行っていきます。

〔3STEPプログラムインストール法〕

【A】許可を得る

チャートの「質問の準備」でペンデュラムを揺らして、ダウジングシステムに「ダウジングの条件、合意事項、プログラムの設定・変更・追加をしてもよいですか?」「それをすることができますか?」「それをするべきですか?」を聞きます（しっかりと大きな声に出して質問を読むのがよいです）。

↓　ペンデュラムがYESの上をスイングすれば【B】に進む。

↓　ペンデュラムがNOの上をスイングすれば、時間をあけて後でやり直す。

【B】プログラムを設定する

ＹＥＳの上をペンデュラムがスイングしているままの状態で制作したプログラムの設定、変更、追加の内容を読み上げ、次の言葉で終了します。

事前設定の条件と合意のプログラムを終わります。ありがとう。

もしくは、

プログラムを終わります。ありがとう。

【C】最終確認

ダウジングシステムに聞きます。

条件や変更は示した通り設定でき、内容が明確で矛盾がなく、私の要求によって変更が可能ですか？

↓　ＹＥＳであればプログラミングは終了する。

↓　ＮＯであればペンデュラムを使って質問して、その理由を探る。

注意　一度ダウジングシステムにプログラミングをすれば、ダウジングするたびに繰り返しプログラミングを行う必要はまったくありません。プログラムはあなたが変更をしない限り、自動的かつ継続的に機能します。

さあ、10STEPの続きを行ってみましょう。

STEP⑦ ダウジングシステムへのプログラム

もし【A】の答えがYESであれば、ペンデュラムをYES方向にスイングしながら、次の推奨の基本プログラムをしっかりと読み上げ、あなたのダウジングシステムにプログラミングしましょう（将来的におそらくプログラムの変更や違うプログラムの設定をしたくなることでしょう）。

基本プログラム

この基本プログラムは、私が変更するまで継続的に有効です。

◎ **適用範囲**は基本的な管理・制御、制限、合意、ダウジングの反応の全般となる。

◎ **その目的**は、量、効果、条件、環境、影響、時間、測定、距離、数、確率、その他の要求されたことを判断・決定することである。

◎ **コミュニケーションとサポートは相互協力的であり、次のものに限定**される。私の超意識、スピリット、ハイヤーセルフ、私の知識、心、潜在意識、関連したシステム、他のすべての次元の私の存在、そしてそれらが認めるスピリチュアルガイド、ガーディアンエンジェル、助けを与えるもの、その他の私もしくは前述のものが選んだもの。

◎ **影響**を与える可能性のある、例えば誤解した思考、想像、望み、いかなるソースからなるあらゆる条件や方式、あらゆる種類の物質あるいは非物質、そのようなものは、私の許可がない限り一切私のシステムをコントロールすることはできず、悪影響を引き起こしたり、間違ったダウジングの答えを引き起こすことはない。

◎**時間**に関わるダウジングをする際、その時間は特に要求がない限り、私が認識できる範囲のものである。

◎**答え**は、あらゆる入手可能な知識と情報源から選択されるものである。

◎**答えを得る方法**はペンデュラムもしくはその他のダウジングシステムによりなされ、その内容は次のものになる。

1　チャート（本書末尾に掲載）の「?」マークの方向に対して振れる、もしくは別途定められた方法によって、質問をこれからする準備状態、「質問の準備」を示す。

2　一般的に、YES／NOあるいはその他の情報の方向に振れたり動いたりすることで質問に対して最適な答え、あるいはその他の情報取得方法やシステムの結果を示す。

3　時計回りの回転は保留、待つべきこと、探知中、あるいは別途定められた何らかの意味を示す。

◎一時的なシステム変更はダウジング中に行われるが、それを行った後は元のシステムに戻る。

◎プログラムの変更、つまり何かを加えたり、削除したり、変えることは私によってなされ、その私が決めたプログラムの変更は、3STEPプログラムインストール法によってのみ設定される。

プログラムを終わります。ありがとう。

3STEPプログラムインストール法に戻り、次を加える。

「MAY I, CAN I, SHOULD I」プログラムは、すべてのダウジングプログラム内に含まれるものであり、私が変更をしない限り、継続的に有効である。ダウジングの質問にあたり、MAY I, CAN I, SHOULD I を聞くときのそれらの意味は次になる。

MAY I　私がそのダウジングプロセスを進めること、そしてその事柄に関わることに対し、適切な許可を得られますか？

CAN I　私はそのことを正しくダウジングする能力があり、私はその準備ができていますか？

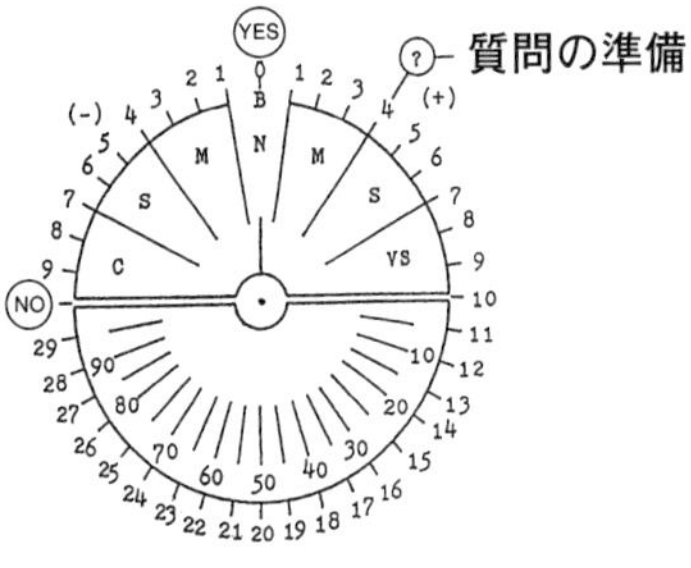

SHOULD I　それに関わるすべての状況を考慮に入れたうえで、そのダウジングをすることは適切、適当ですか？　その事柄に対してダウジングという方法が適合していますか？

プログラムを終わります。ありがとう。

（42ページ「いつあなたが自分のダウジングを信頼できるようになるか」参照）

STEP⑧　最終確認

３ＳＴＥＰプログラムインストール法【Ｃ】を行います。ＹＥＳの答えを得られたなら、あなたは適切にこれらのプログラムをインストールできています。他のプログラミングをする際も同様に容易に行えます。もし答えがＮＯであれば、その理由を調べるための質問をしていきます。

著者は、プログラミングは一度設定すれば繰り返し行う必要はなく、自分が修正や変更や削除を行わない限り有効である、と言っています。日本ではよく知られているカナダダウザー協会元会長であるスーザン・コリンズは、彼女のプログラミング法である「ダウジング・プロトコル」は「毎日行いなさい」と言っています。

ウォルト・ウッズは正しいし、スーザンも正しいといえます。原則としてしっかりとプログラミングしたのであれば、それは確かに繰り返しすることなく有効ですし、そのように設定しているともいえます。ただ、いろいろなことが起こる日常生活で、無意識のうちに誤動作するようなプログラミングがされてしまっているかもしれません。その意味でスーザンが言うように、毎日正しいプログラムを上書きするというのも正しいでしょう。スーザンのやり方は、絶対的で確実です。彼女が重病を治すためのダウジングをしてきた過去があるため、そのような非常に慎重で正確な方法になっているという背景もあります。

では、何が正しいか？ どうしたらよいか？ 自分がダウジングをしていく中で自分が決めればよいのですが、「常にこのプログラムは有効である」という設定はしっかりとしたうえで、念のためのプログラム動作チェック、修理箇所があれば修理するという言わば自動車の定期点検のようなことを挟んでいくのもよいのではないでしょうか。いずれにしても選択は各ダウザーの自由です。

参考『ダウジング・プロトコル 成功をもたらす11のステップ』
スーザン・コリンズ著 加藤展生訳 発売元／ホノカ社

3

自分のダウジングを信じる

あなたのプログラミングについて

一度ダウジングシステムをプログラミングしたなら、あたかも経験豊かなダウザーのように、あなたは委細漏らさず、注意深く考え抜かれた完璧なマニュアルと各システムの円滑な連動を手に入れることとなります。

便利なことに、あなたはプログラムの詳細を覚えておく必要がありません。潜在意識があなたの代わりにやってくれます。

プログラムはあなたの潜在意識に設定されており、あなたがダウジングするときは自動的にそのプログラムが機能してくれるのです。それは、あなたが心で思うと指が自然に動くことと似ています。潜在意識に設定されたダウジングプログラムによってあなたの指が動かされているのです。

あなたは、単に指が動いてダウジングしてくれることを願うだけなのです。あなたの望みをもとにしてプログラムがインストールされた潜在意識が、その状況に適切なプログラムを機能させ、指を動かしてくれるのです。ダウジングツールを手に持ち、ダウジングシステムにあなたのダウジングに関連したプログラムが無事インストールされているかをあなたはたずねました。そして、それが無事完了していることを確認しました。ダウジング中は、なぜ指が動き、ダウジングプログラムが機能するのかという理由など考える必要はありません。ただ、シンプルにその機能を使うのみです。

さあ、あなたは最後の段階のことをする準備ができました。それは極めて重要なSTEPです。STEP⑨とSTEP⑩を行いましょう。

STEP⑨ ペンデュラムに質問する

お気に入りの場所で、お気に入りの時間に、うまく動くお気に入りのペンデュラムで質問の練習をするとよいでしょう。練習では自分の感情の影響を受けない種類の質問をします。例えば「私に対するビタミンCの効果のレベルは？」（108ページのコンディションプログラムを参照）と質問してみましょう。その結果が多少高くても低くても過度に気にしないでください。それは行方不明になってしまったあなたの子猫ちゃんのことを、あなたがとても心配し、気が動転しながら聞くような種類の質問ではないのです。あなたの体のシステムに対する「効果のレベル」を聞いてみましょう。本書末尾のチャートのN、M、S、VSを使ってみましょう。もし、例えばこのビタミンCの質問の答えがマイナス3を示したなら（－Mつまり軽度の不利益を示す場所）、「５００㎎のビタミンCを摂取した場合の効果は？」と聞き直してみてください。今度はたぶん＋３か＋４を示すと思います（＋Mつまり軽度の有益を示す場所）。いろいろな質問をして練習することができるでしょう。

感情の影響がない質問、もしくはあらかじめ答えを知っている質問をして練習していきます。ダウジングシステムは事前にインストールされたプログラムを使ってあなたの質問に自動的に答えていきます。

いつあなたが自分のダウジングを信頼できるようになるか

毎日、複数の質問を5分から10分程度、STEP⑨で紹介した練習をし、そして最終チェックを行います。チェックはチャートの下半分を使っていきます。目盛りは時計回りの方向に増えていきます。0から始まり１００まで目盛りがあります。ペンデュラムにあなたの個人的な感情や気持ちが何％ダウジングの答えに影響を与えたかを聞いてみましょう（数字を示すペンデュラムの動きだけを注意してみてください。チャートの円の下半分だけを使い、ペンデュラムは下に向かう動きで数値を示していきます）。

基本プログラム（34ページ）の設定下では、潜在意識に何かを聞くときでさえ、深く強いプログラムはあなたの心の介入を許しません。潜在意識はあなたの自由に動く心の介入を阻止してしまいます。しかしながら、もしあなたが非常に強い心を持っているか、過剰に心配している心理状態であれば、あなたがダウジングプログラムを歪めてしまうことはあり得ます。

もし、あなたの心が20～30％のような高いレベルでダウジングに影響を及ぼしてしまっていたとしても、決して驚かないでください。問題ありません。毎日あなたは前述の練習をし、ダウジングへのあなたの心の影響を減らす努力をしています。したがってその影響度はどんどん減っていくでしょう。

しばらくして、そのパーセントが0を示すようになると、答えに心が影響を及ぼさないようになったという、ある種の壁を打ち破ったような満足を感じることでしょう。この時点で、あなたは自分のダウジングに高い信頼を置くようになっているでしょう。

STEP⑩　基本プログラムを再入力すべきか確認

あなたがあなたのダウジングシステムに、より安全性と信頼を感じられるようになったとき、基本プログラム（34ページ）を再入力するべきかをペンデュラムにたずねてください。

もし答えがＹＥＳであればそれをします。もし答えがＮＯであれば、適切にプログラムがされているということがわかります。次の段階では、他のプログラムの追加、新しい発見と作成、修正変更などをして、さらにあなたのダウジングシステムを高めていくことになるかもしれません。今やあなたはあなたの望みにしたがって、自由に進歩していけます。やれることは青空のように無限なのです。

注意 ダウジングの基本部分に関わる変更は、ダウジングシステムに「MAY I, CAN I, SHOULD I?」を聞くことが重要です（～のプログラムの変更をダウジングしてよいですか？ できますか？ すべきですか？）。答えがＹＥＳであればそれを進め、ＮＯであればその判断を信頼しましょう。ガイダンスはあなたの賢明なる意志が求めるものです。その理由を聞くことも可能です（62ページ「④人生のレッスンを尊重する」参照）。

4

ダウジングの質問

毎日数分、楽しんで練習してください（108ページにたくさんのエネルギーチェック項目があります）。それは楽器を楽しむようなものです。手順に従いながら、毎日ほんの少し練習すれば、技術と精度はどんどん向上していくのです。いつもうまくいくとは限りませんが、そんなときでも決してがっかりしたり気力を失ったりしないでください。優れたダウザーでさえ、何らかの障害による干渉を受けたり、うまくいかない、ついていない日もあるのです。

さまざまなツール

自分のお気に入りのダウジングツールを使って技術を向上していこうとするのがよいでしょう。あなたが興味を持つ領域のダウジングをするときは、その特定の事項に最も使いやすいものを選ぶのです。すると、結果的にある時点で、他のダウジングツールも容易に使いこな

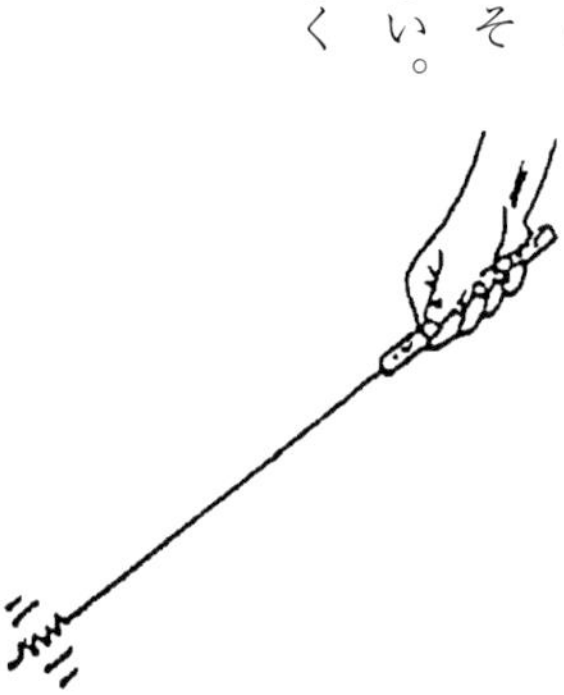

せるようになっていることに気づくでしょう。優れたダウザーのほとんどが自分のお気に入りのツールがあります。しかし同時にペンデュラム、Yロッド、Lロッド、ボバー、その他のさまざまなダウジングツールも上手に使うことができるのです。

ダウジングの質問の方法

ロビン、あなたがダウジングをするときの質問の文章を慎重につくることは、まったく正しいと思います。いくつかの例を示しながら、ある提案をさせてください。

アメリカダウザー協会の四半期に一度行われる定期ミーティングで、ダウジング経験の豊かな講師がLロッドに「North」を指すように言いました。すると北の方角を指す代わりに、Lロッドは参加者の席を指しました。いつも彼は上手くできているのに、不思議なことでした。彼はもう一度やり直しますが、その結果は同じでした。

彼は参加者とともに失敗した原因として考えられることを挙げていき、議論を行っていると、すっと一人の男性が手を挙げて言いました。

「私の名前はNorthです」

質問文に対するダウジングの答えは100％合っていたのです。そんな場合は、質問をより正確に変更し、「北の方角を示してください」と言い換えれば、本来聞きたかったことに対する正しい答えが得られるのです。この事例を見てわかるように、質問をその意図に対して正確につくるということが大変重要なのです。

――例

「私の自動車にガス（gas）が必要ですか?」と聞くと、その答えはガソリンタンクに満タンにガソリンが入っていてもYESになるかもしれません。その質問の答えがYESになる場合、意味するところは2つの可能性があります。

あなたはガソリンで走る自動車を持っており、それは私たちがいつもガスと呼んでいるガソリンを燃料として走ります。そして、エンジンでガソリンを燃やすときは空気が必要です。その空気もまたガスです。そう、だから当然自動車はそのガスも必要です。ダウジングシステムは質問文の中にある単語の意味を文字通りの意味で理解する傾向があります。もしあなたのつくった質問文に、意味が不明瞭であったり複数の意味をもつ単語が含まれており、あなたのダウジングシステムがあなたの意図する意味でその単語を理解できていないのなら、当然その質問に対する答えは不安定で不確かなものになるでしょう。

ルール＃1

知りたいことをより具体的にはっきりさせる必要があります。そのために、何を、どこで、いつなどの情報、そして時には質問を細かく説明するような言葉も必要となります。

ルール＃2

あなたとダウジングシステムがその意味を共通理解している言葉、文章、条件のみを使います。そうすることで意味の合致した正しいダウジング反応が得られます。

ルール＃3

どこかに実際に存在している情報に対する明確な質問をしてください。普通は意見を聞くことはしません。もし質問に過去、現在、未来に対する評価や意見が含まれるなら、その評価を行うための明確な条件を設定しなければなりません（108ページに説明、意味の合致した表現や他の関連した条件についての例があります）。

もうひとつ例を挙げましょう。私が「あなたは強いですか？」と聞いたら、あなたがその強いという言葉をどう理解したかで答えが変わってくるでしょう。「強い」の意味するところは、肉体的になのか、心なのか感情なのか、はたまた付けている香水の香りの強さなのか、いくらでも可能性があるわけです。

では、ルール#1，#2，#3を適用させてみましょう（何が、いつ、そして関連した基準条件）。あなたは今、この1ガロン（約3・78リットル）のミルクの入った箱を持ち上げることができるくらい強い力がありますか？　これで質問の意図に適合した正しい答えが得られると思います。さらにもうひとつ、理解を深め、安心してダウジングができるために助けになる例を挙げましょう。もし私が「出席者の最前列のここからここの間は、何フィート（feet）ありますか？」と聞いたなら、その答えは、12かもしれません。なぜなら最前列のそこには6人が座っており、それぞれの人には2つの足がありますよね。

※ feetは、foot＝足の複数形という意味と、長さの単位であるフィート＝0.3048メートルの2つの意味を持つ。

よい質問文をつくる

ダウジングはよい質問文をつくって行うことが大切です。では、どのような質問文がよいのか、望ましいのかを考えていきましょう。

① **質問の適正化**

ダウジングの質問文をうまくつくることができない事柄で困っているときは次のことを試してみてください。いろいろな質問をしてみて、整合性のある答えが出る場合と整合性のない答えが出る場合を調べてみてください。その整合性のないおかしい答えこそ、あなたがまだ気が付いていない答えに対して影響する要素を知るための手掛かりとなります。

――誤りを引き起こす質問の例 その1 ※意図する意味と文字上の意味の違いに注意

Q 〝特定の場所に〟水がありますか？

この答えはＹＥＳです（どんな場所にも水はあります。コップの中などいろいろと）。

Q 深さ３００フィート以内に５ＧＰＭ（１分当たり５ガロンの量）を供給できる水源がありますか？

この答えはＹＥＳです（特に大雨の時にはなおさら）。

――誤りを引き起こす質問の例 その2 ※意図する意味と文字上の意味の違いに注意

次の質問は先の質問が間違っていた、あるいは不十分だったポイントを知るためのヒントになります。

Q この水源は、1年を通して5GPMの飲料可能な井戸水を供給する能力はありますか?

もし答えがNOであれば、最初の質問が不十分であったことに気づくでしょう。複数の質問をすることで、質問の問題点に気付くことが往々にしてあり、包括的でよいダウジングの質問をつくるために何をすべきかを学んでいくことになるでしょう。

② 事前のプログラミングの重要性

ダウジングプログラムは、あなたとあなたのダウジングシステムの間に頻繁に起こりがちな誤動作を防ぐ役目をしています。それが、プログラムや特定の言葉の意味の共通化をあなたのダウジングシステムに事前に設定する重要な理由のひとつです。その良い例が36ページにあるプログラムです。そこでは「MAY I, CAN I, SHOULD I」の意味を明確に定義しています。

③ 重要な事柄の質問

特別に重要な事柄の質問をするとき、安全性を高めるために次の2点が考えられます。

1点目は、自分一人で行わないで、経験豊かなダウザーと一緒にダウジングを行うこと。

2点目には、ひとつの形式で質問をするだけではなく、別の形式でも質問をして、ダブルチェックをすることです。その中で何か見落としていることが発見できるかもしれません。

もし別の形式で質問したとき、異なった答えが出たなら、2つの質問それぞれの細部を調べていきます。するとより深い領域の理解が進んだり、あなたのダウジング技術そのものの精度向上にもつながっていきます。ほとんどすべての経験あるダウザーは質問の方法が正確なダウジングのための重要な鍵だと言います。

質問のテスト

ロビン、あなたが気にしている、適切な質問をして答えを得るということは、じつは単純明快です。過去にうまくいった質問を常に使い、さらに新しい質問を試していくのです。

先に「①質問の適正化」（51ページ）の項でご説明したようにテストしていきます。

いろいろな異なった方法で質問をして、そこから継続的にいつも適切な答えが出るかどうかを確認するのです。言葉の実際の意味に注意するようになり、さらに質問やプログラムで不足しているものはないか慎重になります。

私たちは多くの想定や類推あるいは慣用的な、文字上の意味ではない表現を会話の中で使います。例えばこのようなものです。

〝he will get a kick out of this〟＝彼はきっとそれを楽しむだろう
〝hang your head in shame〟＝恥ずかしくて顔を伏せる
〝he has a chip on his shoulder〟＝彼はけんか腰だ
〝time will tell〟＝時が経てばわかる
〝hand out〟＝配る

ダウジングをして不正確な反応を得たなら、注意深く質問を調べることが絶対必要でしょう。私は2つの異なる方法でいつも質問をし、ダブルチェックで精度を高めています。

最高のダウジング結果を得るために

ロビン、頑張りすぎたり、深刻になったりしないように。自然に任せましょう。リラックスして自分の直感を使うのです。情報が自然に流れてくるのに任せましょう。そして、いつも愛と自他の最善のためにダウジングをするのです。

最後に

私が伝えたことのうち自分がやりたいと思うことだけを行い、あなたがこれから会うダウザー、あるいは一緒にワークをするダウザーたちからもヒントを得ながら、穏やかな気持ちでダウジングをしていってください。そこには情報の世界が広がっています。素敵でエキサイティングな、価値ある冒険が待っています。

楽しいダウジングを

ウォルト

5

ベストなダウジングのために

ダウジングにおける10のすべきこと、すべきではないこと

① 感じ方

情報を感じているとき、決してそれにあなた自身が同調しすぎないことです。例えば映画を観ているとき、どのように反応するかは自由で、楽しみ方はいろいろです。

その反応の仕方は2つに大別することができます。感性の視点からそれを観ることは可能で、それに深く入り込み、強く感情を動かされ、実際にその中に自分が生きているように役柄そのものに自身を投影し、同化して観る方法。一方で、まるで科学者であるかのように客観的に情報を確認して、それに注意を払って冷静に観察しながら観る方法です。

両方とも同じ物語を観ているのですが、情報に何を求めて接触していくのかは、あなたの選択です。映画の場合はどちらでも問題ありませんが、不健康な、あるいは害のあるエネルギーに対するダウジングをするとき、この選択は特に重要です。ダウジングツールを使う利点は、自分の体を物理的に反応させる必要がないこと、そして、そのエネルギーと同化する必要がないことです。

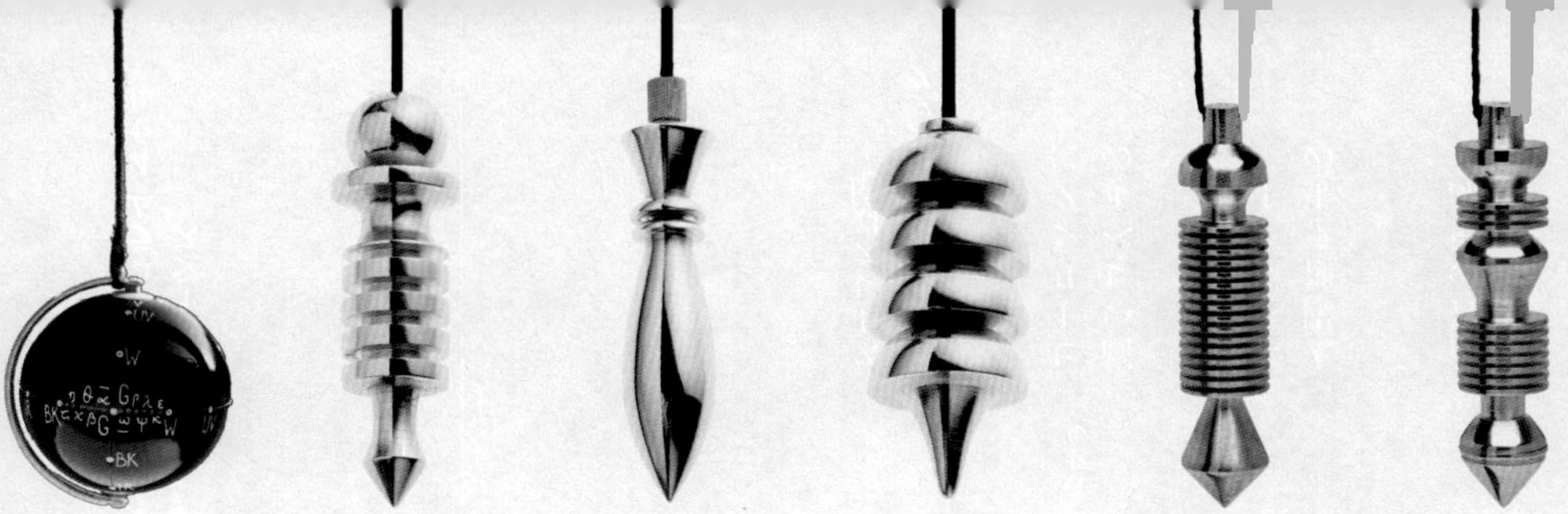

聖者
IKユニバーサル
ペンデュラム

神官
BG3-16
ペンデュラム

シャーマン
オシリス
ペンデュラム

サイキック
カルナック
ペンデュラム

ヒーラー
イシス
ペンデュラム

マスター
ラディオニック
ペンデュラム

②自分を守る（プロテクション）

好ましくないエネルギーの吸収を避けるため、プログラムを使っていくか、あるいは自分の心が感じる作業から切り離します。

ダウジングの情報は、まるでそれが人でもあるかのようにペンデュラムに話しかけて得ていきます。エネルギーは、あなたではなくペンデュラムにつないでいくのです。あなたの心はペンデュラムの動きに置き、対象のエネルギーそのものには直接関わりません。

プロテクションは重要な事柄です。ダウジングの歴史を振り返ると、ダウザーは何かを探知することが仕事でした。そしてエネルギーを扱う達人のダウザーたちは、それを変換することについても技術を発展させていき、中には、メディカルダウジング、つまり人の病に対しての対処、特に重病の方へのヒーリング分野で活躍するダウザーも多く出てきました。当初は、このプロテクションの概念がないため、病の人を治すために自分も等しく病になるという事故が多く発生し、その後、自身のエネルギープロテクションという概念が発生しました。じつはエネルギーを感じ取る場合、自分の体にそれを響かせて同期化すると、とても簡単に正確に探知をしやすいということがあります。そのため、初心者の中にはそれを自然にしてしまう方もいますし、ヒーリングの経験が長い人でも、意図的にそれをする人は少なくないのです。しかしながらこれは絶対に避けなければならないことだと強く理解すべきです。不調和なものを探知するために自分が不調和な状態になっていくというのは望ましいことではありませんし、ダウジングシステムやツールを使うことで害は避けられ、同じく探知が正確にできます。あるいはダウジング技術を高めることで、自分自身がエネルギー同化するよりむしろ高い精度で探知や変換ができるようになるのです。

③ 質問

潜在意識（あるいはそれがどのような呼び方でも）は、あなたの質問をまったく文字通りのまま理解し、何の類推もしません。例えば「私の車はガス（gas）が必要ですか？」とたずねたとき、答えがＹＥＳだったとします（車はガソリンの燃焼に空気を必要とし、それもガス（gas）です）。この場合、あなたはガス（gas）をガソリンタンクに入れるガソリン（gasoline）として質問をしているのですが、ダウジングシステムはgasをその文字通りの意味、空気として理解しているのです。

多くのダウジングにおける明らかな誤答は、質問を本人の意図に反して文字通りの意味にダウジングシステムが理解してしまうことによって起きていると思っています。実際に存在している情報に対して、それに明確に対応した要求をする質問文をつくってください。

そして、それは意見を求めるものであってはいけません。何らかの特別の理由があってどうしても意見を聞きたければ、何らかの**ダウジングシステムと意味の合意を得た基準との比較によって表現**されるべきです。その見地において、不完全な質問はこのようなものです。

「あなたは十分なお金を持っていますか？」

その質問から得られる答えは、定まらないものになります。なぜなら、何に対するお金でそれがいつ必要とされるかを明確にしていません。もし代わりに次のように質問した

「ダウジングシステムと意味の合意を得た基準との比較によって表現」とは、初心者の方には何を意味しているかわかりにくいかもしれません。例えば「ある就職先がある、そこに勤めるべきかどうか？」ということを聞きたくなるときは人生では多くあります。ダウジングでもそれを判断する力がありますが、ペンデュラムを振って「この会社に就職したほうがいい？」と聞いても、ペンデュラムは困ってしまうわけです。それがダウジングシステムであり、人と違うことです。

人はその質問をされたとき、それぞれが自分の感性の中での「良い」という基準に当てはめて良いか悪いか意見を言い、自分次第なのだという人もいるでしょう。だから、人にアドバイスを求めるとその答えは千差万別となるわけです。中にはあなたが生きてきた過去、そして今、何を仕事に求めているかを感じ取り、可能な限りその会社の情報をすり合わせて丁寧に答える人もいるでしょう。その能力が高い人は最善の相談者となりえますが、ダウジングシステムにそれを期待することは一切できません。ただし、ダウジングシステムがそのような最善の相談者である人を超える可能性も多くあり、それを引き出してこそのダウザーというわけです。

ダウジングシステムに相談するときは、方法論があります。まず「良い」という定義を明確にすること。給料が良いのか、労働条件が良いのか、そこにいる人たちの人柄が良いのか、自分が身につけたいスキルが身につくのか、自分の人生の役割を見つけ出し、その実現に力を与えてくれるのか、などです。さらには、何をもって良いとするのか、定量的なことも必要になります。給料が良いとは年収５００万円以上なのか、１０００万円以上のことなのか、それとも２０００万円以上の年収を自分が良いと判断するのか、です。項目をそのように整理して、ダウジングシステムにプログラムしていくことが大切となり、定量的評価は、チャートを使った数字による判断、確率による判断、そこに設定されているレベルによる判断などをしていくのが一般的なやり方です。

ら、今度は明確で正確な答えを得ることでしょう。「1ドルのアイスクリームを買うために十分なお金が、今あなたのポケットの中にありますか?」注意深く質問文をつくることです。

④ 人生のレッスンを尊重する

個々人に与えられた〝人生のレッスン〟には決して干渉しないように十分に注意し、それはカルマや他の知りえぬ領域についても同様で、そのままにするのが最善です。そして常に事前にあなたのダウジングシステムに「MAY I, CAN I, SHOULD I」を聞いてください。答えがNOであればしっかりとその事柄から距離を保つことをお勧めします。

⑤ プライバシー

潜在意識の世界につなぐと、多くの情報と接続されます。非常に特別な例外的なケースを除き、本人から望まれていないことを決してダ

その動機が愛に満ちた素晴らしいものだとしても、人に与えられた選択の自由を奪ってはいけない。人生が魂の修業の場であるとしたら、どのような修行の場を選ぶかは個人の自由で、たとえ苦行という厳しい道を選んだとしても、他人にそれを変える権利はないわけです。極端に言えば幸福を選ぶ自由もあれば、不幸を選ぶ自由もあるということです。もちろん、Have Fun! と言い続けたウォルト・ウッズが提唱するのは、楽しい人生の修業の道です。しかしながら、その提案の内容や提案するタイミングは、個人の気持ちで決めるのではなく、叡智と大きな愛に富んだダウジングシステムに聞いていくわけです。

ウジングしてはいけません。それは許可なく個人の日記を盗み読むようなものです。中には自分自身を外部のエネルギー干渉から守るすべを知る者もいるでしょう。しかし、ほとんどの人はそれができません。常に個人のプライバシーを尊重してください。

⑥ 明確で普遍的な法

普遍的な法と言えるものをよく理解しましょう。原因と結果の法則、まいた種は刈り取らなければならない、カルマ、あなたのしたことは何らかの形で自分に返ってくるなど。

◎常に他者の最善のためにダウジングを行う。
◎ダウジングというギフトを悪や利己的な利益のために決して使ってはならない。
◎ダウジングは自他の必要のために使う。
◎ダウジングは大切に取り扱うべきものであり、人に与えるための

人生への深い干渉などで相手に不快感や不利益を与えることをスピハラ（スピリチュアルハラスメント）と言います。相手が人生の宿題に取り組み、自分の努力で学びを得ようとしているときに、その解答をさっと差し出すことはなんと罪深いことでしょう。よいタイミングで気づきを与えることは素晴らしいことですが、それもダウジングシステムに3つの質問をしたうえで慎重に行うべきです。プライバシーの問題には例外もあります。幼い子が自分で判断ができない、あるいは事故で意識不明になっている人はダウジングやエネルギーヒーリングをしてよいかの許可を与えることはできません。その場合は許可を得られないから不可と判断するより、愛情をもってダウジングシステムに行動を聞けばよいでしょう。

ギフトであることを常に忘れてはならない。

⑦ 診断行為をしない

決して診断行為や、いかなる医学的助言もしてはならない。何らかの健康上の問題があるときは、常に適切な医療機関のアドバイスを受けるように勧めましょう。

⑧ 他者との分かち合い

必要な人に段階を踏まえて丁寧に知識を分かち合いましょう。しかし、ダウジングを知らない人は恐れたり、攻撃行動をとることがあるかもしれません。

⑨ 心を開く

常に新しいアイデアに心を開き、改善の方法を模索

ダウジングを行っていると主張する人が、ダウジングを行っているとは限らず、その本質の理解のないままそれをしている場合もあります。また、魅力を出そうと、より喜んでもらおうと、一生懸命ある種のコスプレや演技をして、魔法使い、特殊な存在に見えるようなことをしている人もいます。あるいは、そのような人から嫌な思いをした経験のある人もいるでしょう。ひどいケースでは霊感商法やえせ宗教まがいの人もいるかもしれません。その中で、ダウジングを誤解して恐怖する人がいるとしても、焦ることはないのです。そもそも、彼らが恐怖しているものは、ダウジングではなく、それとは違うことをしているのにダウジングを語り、不調和なことを行う人たちなのです。正しいダウジングの理解を彼らに無理強いすることもありません。一番大切なことは、ダウジングが素晴らしいものであるなら、ダウザー自身が人に素晴らしいと思われる人生を歩み、その姿を見せること、その中でダウジングに興味を持つ人が接触をしてきたなら、誠心誠意、愛情をもってそれに対応していけばよいのです。山や川や海、人を癒す大自然は、人に積極的に来るように電話をかけて説得しようとしません。ただ、静かにそこにあり、必要を感じて訪れるものを温かく癒すのみです。

します。生涯学びの心を持ちましょう。それは最大の高揚感や喜びをあなたに、そして友人にもたらすことになります。

哲学的なことを差し挟ませてください。個人的な感情で見ることや聞くことを歪めないでください。私たちが信じること、感じること、その主な理由や原因は、生まれた時（時代背景や特定の期間）、地理的条件、民族性なのです。そしてそれは個人的な経験、教育、宗教的背景にも影響を受けます。あなたの信条によって新しい考えや概念を拒絶しないでください。また人の判断というものは、主観によって左右されるもので、その主観のジャッジにかけられていない数々の情報、それに優るものはないということも覚えておいてください。

⑩ シンプルに努める

ダウジングに関わることのすべては、できる限りシンプルにするように心がけます。練習を怠らず、そしてダウジングを楽しみましょう。

基本的なダウジングツール

ダウジングツールを使う、使わないに関わらず、とても素晴らしいダウジングシステムや数多くの手法があります。つまり、ダウジングツールを使わないとしてもダウジングをすることはできるのですが、一般的にダウザーは常に何らかのツールを使ってダウジングしています。

ここでは、ポピュラーな4種のダウジングツールを紹介します。ペンデュラム、Lロッド、Yロッド、ボバーです。そして、それらには多くの形、大きさ、素材があります。

では、どのように使われているのか解説していきましょう。このバリエーションによって、作業性、効率性、迅速性、利便性に大きな影響を与えるようには見えません。しかし、現実としてはほとんどのダウザーたちは多くのツールを購入し、中には工夫してオリジナルのものを自作する人もいます。それらの各種のツールは概して、目的に応

じて使い分ける、もしくは複合して使うことになります。あなたのダウジングツールから得る感覚、あるいはあなた自身の使いやすさでツールを選択していけばよいでしょう。

① ペンデュラム

形状　紐やチェーンで何かを吊るした振り子。大きさも多岐にわたり、最小のものはクリップに糸を付けたようなものまである。チェーンや紐の長さは通常3～4インチ（約7～10㎝）。

材質　いかなるものも使用可能。あなたの感覚で選びましょう。

使用方法　図のように持つ。

通常の反応　ＹＥＳ＝縦に振れる、ＮＯ＝横に振れる、「質問の準備」＝斜めに触れる。反応のサインは自由に自分のダウジングシステムに教える（指示する、プログラミングする）ことができる。

長所　製作が容易。使用が容易。とても一般的。ポケットや財布

少し前の時代のアメリカでは上記のサインが一般的で馴染んでいたようで、この本ではそのような表現がされています。人はＹＥＳの時には縦に頷きます。ＮＯの時は首を左右に振ります（国によってはＮＯのような首の使い方をしてＹＥＳを示す習慣もあります。例えばインドのように）。その長年の習慣がそのままペンデュラムの動きに反映され、それがとても自然に感じられ行われ続けたのです。そして、それ以外の動きとなると斜めとなり、それがレディポジションとして設定されたのです。昨今では「判断」「ＹＥＳ／ＮＯ」だけではなく、エナジーダウジングの手法でエネルギー変換がよく行われるようになり、その親和性のため、質問の準備が縦揺れ、ＮＯが左回転、ＹＥＳが右回転というサインのほうが一般的になっていると思います。ただし、サインの設定の選択は、それぞれダウザーにゆだねられるものです。

に入れて携帯できるほど小さい。反応が早い。チャートや地図を使うダウジングに最適。

短所　風や歩いているときの振動の影響を受けることがある。この問題はペンデュラムのＹＥＳ／ＮＯの反応サインを前後左右ではなく、右回り、左回りの回転にする（事前設定する、プログラムする）ことで解決できる。

②　Ｌロッド（アングルロッド、スイングロッド、ポインティングロッド）

形状　Ｌロッドのハンドルにスリーブがある場合とない場合がある。ロッドの長さは、４インチ（約10㎝）から中には２フィート（約60㎝）を越えるものもある。通常の長さは、12～16インチ程度（約30～40㎝）。

材質　通常は針金。金属のハンガーを利用して作るのもよい。溶接棒も非常によく使われる。Ｌ字形上に曲げられるものなら何でもＬロッドにして使うことができる。

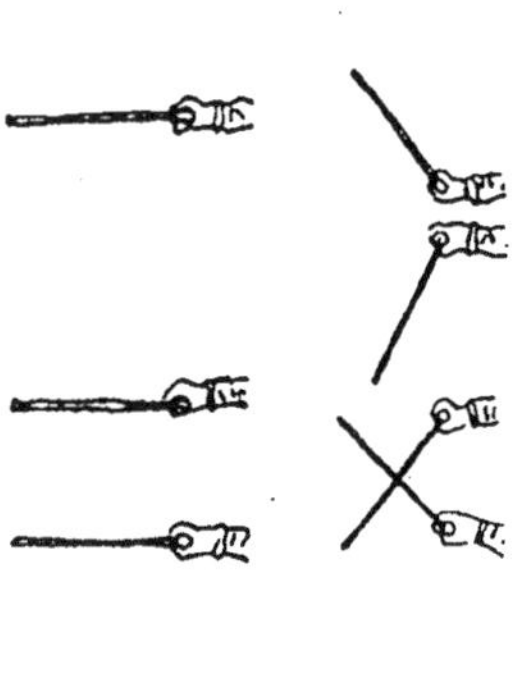

L-Rod

使用方法　握り締めないで軽く握って、先端をほんのわずかに下に向ける。１本で使うときは、ポインターやスイングロッドのように動く。ターゲットを指す、あるいはそれが存在する方向を示すような使い方ができる。もしくは特定のエネルギーの場所（例えばオーラや害のあるエネルギーゾーン）に差し掛かったとき、横に動くような使い方も可能。２本のＬロッドを使うときは、通常次のようにプログラミングして使う。２本がまっすぐ並行の位置で準備。２本が交わったクロスをつくるとＹＥＳの反応サイン、もしくはターゲットの上にいるときにそのサイン。２本が外に広がったときにＮＯのサインを示す。

長所　製作・使用が容易。とても汎用性があり

溶接棒は原文で「Welding Rod」となっているため、そのまま溶接棒と訳しましたが、日本語では溶接棒と言うと一般的に被覆アーク溶接用の溶接棒を指しますが、それとは違います。欧米でよく使われるのは、タングステンイナートガス溶接用の溶加棒、しかも、ＴＩＧ溶接用の軟鋼用のものです（普通は非鉄の溶接にＴＩＧは圧倒多数使われます）。アメリカでは入手が容易で加工性もよく、手軽に使っているという特殊事情があります。日本とはまったく事情が違います。それは細いため、重さが軽く反応としては良いのですが、繊細なエネルギー探知には最適でも、一般的なダウジングにおいては重さが足りず使いにくさもあります。また、用具として長期的に使うための物ではなく、溶接をして溶かすための材料ですので、表面の色の劣化は早く見た目は少し触る程度で途端に悪くなるため、製品とするには日本では不適という印象です。日本では性能そのものだけではなく、見た目の美しさを重視する人が少なくないからです。ヨーロッパでは、銅の無垢材量をそのまま曲げて使うプロダウザーもいます。それにはエネルギーを掌で直接感じることができるという効果と、感度を握りの強弱で瞬時に変えられるという利便性がありま す。しかしながら、トータル的にみるとグリップ部分のスリーブにロッドが差し込まれているタイプが最もバランスがよく使いやすいと思います。動きが常にスムースですし、感度調整はＬロッドの構え方の角度で自在に変えることができるからです。

人気。凸凹した地面でもうまく使える。軽度の風には概して影響を受けない。

短所 大きいので気軽に持ち歩いたり何かに入れたりは容易にできはない。しかしながら4～6インチ（約10～15㎝）程度の小さいサイズの物であれば、シャツのポケットや小物入れに入れることができる。

③ Yロッド（フォークドスティック、トーキングスティック）

形状 伝統的に二股に分かれたY字のような形。さまざまな大きさがあるが、通常は12～24インチ（約30～60㎝）程度の長さ。

材質 木、金属、プラスティック。プラスティック製が多くのダウザーたちに使われている。それは収納が容易なことが理由。

使い方 先端を下にして持つ。親指は上を指し、掌は中央方向に向くことになる。しっかりと握ってYロッドを広げ、手首を外側に回転させていく。今度は親指が外側方向を指し、掌は上を向い

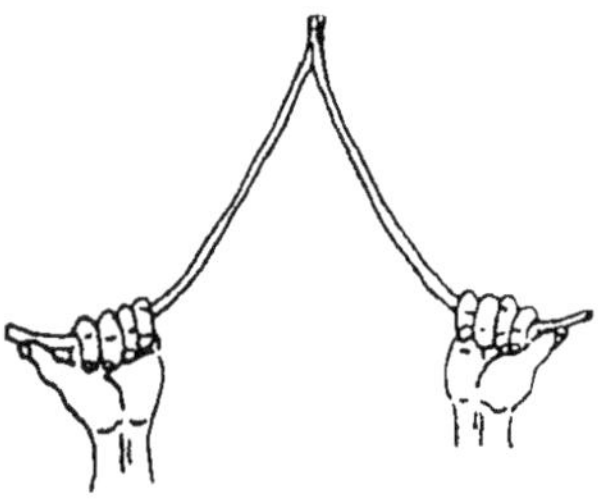

Y-Rod

ている。Ｙロッドはほんのわずかにバランスが変わると上に跳ね上がる。45度ほどの角度で上を向いている状態が通常レディポジションとして使われている。水脈やターゲットの上にくると、レディポジションから下に先端が振り降りる。この動きがＹＥＳの反応サインとしてよく使われる。レディポジションから上に振りあがる動きは、逆にＮＯサインとして使われることが多い。

長所　反応が早く、水脈やターゲットを直接指すことができる。凹凸のある地面でも安定して使用できる。比較的強い風があっても使用可能。

短所　他のダウジングツールのような汎用性がない。単に上下の動きを示すのみ。方向を知りたいときはダウザー自身の体を回転させて使う必要がある。

Ｙロッドが最も古いダウジングツールで、木の枝を切り取って作られていました。イギリスでは、その土地のエネルギーを吸い込んだ木を使ってその土地のダウジングをすることが最もよいと考える人にも出会いました。木は保管も携帯も困難ですし、反発力は次第に劣化していきます。それでも、木製のＹロッドを使い続ける伝統的なダウザーはいます。アメリカではプラスティック製は確かに出回っていますが、金属のほうが反発力の強いものが作れる（持ち方で弱くも調整できる）、強度があり劣化もしにくいということで、金属製でさらにハンドルのスリーブがついているものが多い、あるいは理想的という印象です。日本では最も使われていないツールですが、ダウジングのルーツとなるものであり、反応速度が非常に優れているので、ぜひ使ってもらいたいツールです。特にフランスのダウザーたちはＹロッドを非常に好んで使っています。

④ボバー（ワンド、スプリングロッド、ディバイディングロッド）

形状　柔軟性のあるあらゆる棒、枝、ワイヤー。1フィート（約30cm）から3フィート（約90cm）を超えるものまで、さまざまな長さのものが使われている。ロッドにコイルをつけて反発性を増すようにしたものや、先端に錘をつけて反動をよくしたタイプもある。

材質　柔軟性のあるすべての物

使用方法　45度ほど下方に下げて持つ。ペンデュラムと同じようにプログラミングできる。上下に動けばYES、左右に動けばNO、45度に下に傾いている状態がレディポジション。あるいは、異なった反応サインをあなたが決めてもよい。例えば、前後の動きでターゲットがある方向を示し、ターゲットの上に来たら回転するというように。

長所　屋外のダウジングの際にペンデュラムの代わりに使用することができる。ほとんどのダウザーがボバーを使いやすいと感じている。

短所　ポケットや財布に入れられるようなサイズではない。

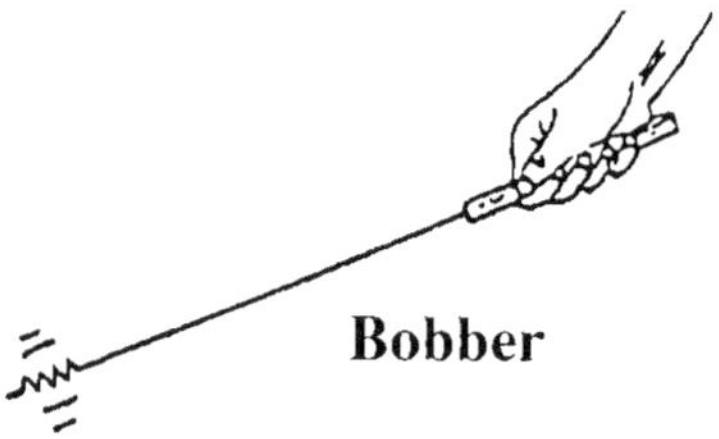

Bobber

ラウンディドコニカルペンデュラム
Lサイズ 002-017

コニカルペンデュラム
Lサイズ 002-015

ベーシックなスタイルのペンデュラムとしては、この2機種があります。コンパクトかつシンプルで正確なダウジングできるセンシング用ペンデュラムです。

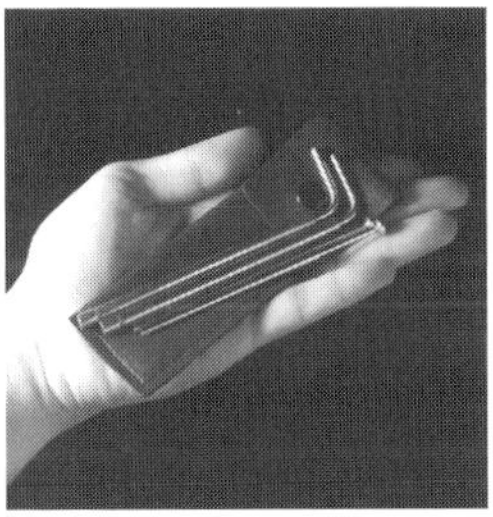

ポケットLロッド
分離折り畳み式 004-003

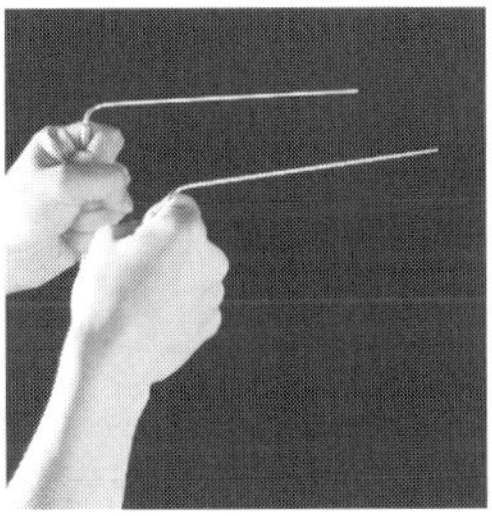

ミニLロッド
004-002

Lロッドの中でも日本の事情に合ったコンパクトサイズで持ち運びも容易で使いやすい機種。ハンドルスリーブはエネルギーが伝導しやすい銅、ロッドは真鍮です。

本書では主に4種のダウジングツールを紹介していますが、実際にどのようなものを購入すればよいのでしょうか。ペンデュラムを選ぶにしても、素材やサイズ、形状によって無数の種類があります。トップダウザーにより設計・製作管理・エネルギーチェックがされたものを勧めていますが、ツールの選び方については私の著書『エナジーダウジング』や『ダウジングって何ですか?』を参照してください。

上記の機種をはじめ、ボバー、Yロッド、その他の関連製品はJSD日本ダウジング協会の公式ショップで購入することができます。

https://www.porto-healing.com/

目的別プログラム

※ あなたとあなたのダウジングプログラムの間で**相互受容**された事前設定の意味の合意と条件

次のワークプログラムは特定の目的のダウジングをするため、専用につくられたものです。それぞれのテーマのダウジングをする出発点として利用してください。つまり、あなた自身のダウジングシステムをつくるためのひな型にしてください。自由に何かを加えたり、削除したり、変更したりして構いません。その場合、経験豊かなダウザーのサポートを受けるとよいでしょう（各プログラムの設定・変更方法は29ページ「プログラミング」の章を参照）。

注意　基礎的テーマを変更するときは常に「MAY I, CAN I, SHOULD I」の質問をすることを忘れないでください。

相互受容
原文では mutually accepted となっています。先に解説した合意 agreements と同じ概念です。自分と自分のダウジングシステムと言葉、動き、反応などの共通の意味の設定がなされていることを言います。

〔**水脈プログラム**〕

水脈のダウジングプログラムは、私のすべてのダウジングプログラムとそのダウジングシステム合意事項の一部であり、私が変更をしない限り継続的に有効です。その水脈は【３００】フィート以内の深さで、井戸により地表に汲みだすことができ、この1年を通して、最低でも1分当たり【３】ガロンの供給能力があり、【基本的に】飲料可能で、【私にとって】美味しく飲めるものです。掘り出すにあたってそれは各種の規則や法に則したものです。プログラムを終わります。　※【　】内は適宜変更して使う。

――質問の例（MAY I, CAN I, SHOULD I の質問の後）

Q①【指定した範囲領域に】入手可能な水がありますか？
（すべての水脈ダウジングプログラムの要件は有効。答えはＹＥＳかＮＯとなる）

Q②【指定した範囲領域で】井戸を掘るための最良の場所はどこですか？

◎マップダウジングするときは、ダウジングシステムを使い、プログラムに適合し、井戸を掘る最適な場所にあるすべての水脈を書き出す。

◎ 対象領域の外側からのダウジングでは、ダウジングツールは最良の場所の方向を指し示す。

◎ 対象領域の中で行うダウジングでは、ダウジングツールは具体的な場所をピンポイントで示す。

〖**飲食物プログラム**〗

飲食物プログラムは私のすべてのダウジングプログラムとそのダウジングシステム合意事項の一部であり、私が変更をしない限り継続的に有効です。その用語「飲食物」は私が体に取り入れる、食べ物、飲み物、薬などのすべての物質を示します。それらはトータル的な意味で【私の】心身の健康に則したものです。飲食物に対するダウジング結果は効果影響度によって示されます。プログラムを終わります。

※ 効果影響度には程度があり、それは「通常」「穏やか」「強い」などといった言葉や、数字によって表現される。

――質問の例（特殊な環境下で通常のようにダウジングするのが不適切な場合、ペンデュラムを机下に隠してダウジングを行ったり、自分の指をペンデュラムのように動かすなどの代替行為をする）

Q①　この【飲食物】は【私の】心身全体にどのような全般的な効果影響を与えますか【与えることになりますか】？
（飲食物全体か、その一部の成分などを特定して聞くこともできる）

Q②　この【飲食物】が【私の】心身全体に対し、最も悪い影響を与える【与えることになる】要素の影響度は？

ヒント　ダウジングが不利益なものを検出した場合は、102ページにある**「エネルギーの修正」**のような修正をすることができます。いかに早く、そしていかに多くのエネルギーが変わるのかを確認できると思います。食べ物などの物質に対してエネルギー修正を行う場合は、その前後のエネルギー測定のダウジングを行うと興味深い結果が示されることでしょう。ダウジング効果を楽しみながら実践してください。

エネルギーの修正
具体的かつ物理的な対処方法もあるのですが、自分自身の意識、あるいは潜在意識の調整によって問題を解決したり低減することができます。その場合は、自分自身だけではなく、対象物である物質を自分がダウジングすると、それ自身がエネルギーの変化を起こしていることもあります。それらの反応は場合によって異なりますが、ダウジング技術の習得、あるいはその深い概念を理解するためにも、ひとつの実験として楽しんで行ってみるとよいでしょう。

有害なエネルギー

注意　月の引力は地球の地殻を毎日２フィート（約60cm）上方に引き上げている。それは何マイルもの長さと幅の大海の波のようなものを地面につくり、その中央部の頂点の高さが２フィートほどになる。太陽がつくる引力の波はその中央部は12インチ（30cm）ほどの高さとなる。その２つの大きいエネルギーの相互作用は１年を通して、28日の間隔で変化し、地球の地殻にさまざまなストレスを与えているとされている。その地殻が引き延ばされたり、ねじられたりした結果として起こったことはダウジングで探知でき、植物、虫、動物に対し、良い影響も悪い影響も与えていることがわかっている。ダウジングと各種の実験により、人間にも同じく影響を及ぼすことが知られている。

害のあるエネルギー　多くの有害あるいは有益なエネルギー源があり、私たちにもその影響がある。そのうち水脈や断層についてはイラストで示した通り。磁場的、電場的な影響があり、それは人工的なもの、

有害な領域の例

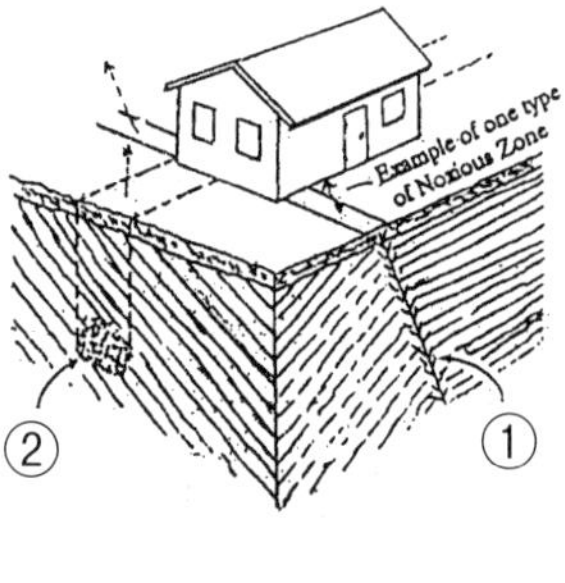

①太陽や月の引力の影響で起こる、物理的な割れ目や変動

②エネルギーの影響を及ぼしているだろう水脈の流れや古くからある停滞（ダウジングによる探知が容易にできる）

あるいは地球からくるものがある。さらに、宇宙からのエネルギーの影響、そして広く知られたもの、あるいは知られていないもの、その一部が知られているものもある。例えばアースグリッドライン、レイラインの交差点、サイキック、スピリチュアルな影響などさまざまなものがある。それらは、人に有益、あるいは有害な影響を多少なりとも与えていると考えられている。身体あるいは潜在意識にその影響が表れることもある。そして比較的容易にダウジングで探知できる。

〔**有害エネルギープログラム**〕

有害エネルギープログラムは私のすべてのダウジングプログラムとそのダウジングシステム合意事項の一部であり、私が変更をしない限り継続的に有効です。「有害エネルギー」という用語は私が変更を要求しない限り、次のことを意味します。【私の】自己治癒能力や防御メカニズムを越えて、害があり、妨害され、干渉され、【私の】心身のすべての側面において、あらゆるエネルギー、状態、領域、状況が有害な影響を及ぼすもの。特に定義の変更の要求を私がしない限り、それは、喫煙、飲酒、くすり、食べ物、飲み物など私が意図的に認識して【私の】体に取り入れるものは含みません。それは磁場、あらゆる周波数の電磁波、アルファ波、ベータ波、ガンマ波のエネルギー、土地の断層や破断構造の影響、人工的なもの、地球や宇宙からのエネルギー、ガス、心、サイキック、スピリチュアルな影響も含みます。

◎ペンデュラム（または他のダウジングツール）の反応

1 「（有害エネルギーが）ありますか？」という質問はこの【28】日間についての質問です。もし過去にそれがあっても、環境条件が【私に】干渉するか、ダメージを与えないレベルであれば、ペンデュラムはNOを示します（【私の】自然治癒力がダメージに打ち勝っている、処理する能力がある、ダメージを受ける前に自己治癒力が先に打ち消していることを示している。これは廃用性萎縮症などにならない自己治癒能力があるといえる。中には良いエネルギーの過剰摂取が害を与えることもある）。もし害のあるエネルギーが蓄積され、干渉またはダメージを与えるレベルであれば、ペンデュラムはYESを示します。

2 「（有害エネルギーの）影響」の質問は、【私の】心身のすべての側面において、直近の【28】日間を通して、最も悪いエネルギー的影響を及ぼした、その最悪のネガティブレベルを指し示します。

３　「安全な時間」の質問は、次を意味します。過去【28】日の範囲内で、指定した場所が最も有害なエネルギー環境になっていた日にその場所に居たとして、自己治癒能力や自己防御システムによって自分がその害を受けないでいられる最大の時間は１日のうち何時間かを確認しています。１日は24時間ですから、その最大耐久（対応）時間をペンデュラムはチャートのポジティブ側の数字で０～24の中の範囲で示します。

プログラムを終わります。

――推奨の質問例　※ MAY I, CAN I, SHOULD I の質問の後に。

Q①【私に】有害な影響を与えるエネルギーは【示した場所や地点に】ありますか？（YES／NO）

Q②【指定した／印をつけた／示した場所や領域】で【私が】有害エネルギーから受ける影響は何ですか？

Q③【指定した／印をつけた／示した場所や領域】の中にいて、有害エネルギーのある状態にいたときの【私の】安全時間は何時間ですか？

注意【　】内の時間や条件を示す言葉は、一時的に他のものに代替できます。単にダウジングをしているときにダウジングシステムに望むものを言えばよいだけです。そしてダウジングが終了すると、それは自動的に元の初期設定の基本プログラムに戻ります。

マップダウジング

マップダウジングは、何かの印をつける道具とダウジングツールを使い、ターゲット（水脈の位置や他の物の位置）を地図上に示すダウジング方法です。

〔マップダウジングプログラム〕

マップダウジングプログラムは、私のすべてのダウジングプログラムとそのダウジングシステム合意事項の一部であり、私が変更をしない限り継続的に有効です。このダウジングシステムは、地図または略図、何らかのダウジングツール、さらに追加してポインターまたはものさしを使うこともあり、そのポインターやものさしやダウジング

ツールがその地図上にダウザーが特定し探そうとする物、対象、ターゲットの場所を示すものです。プログラムを終わります。

◎マップダウジングの方法

多くのシステムの中で基本となる、一般的なマップダウジングの方法を紹介します。

1 直線の用具（ものさし）を地図や略図の上でスライドさせていき（何を探すかを明確に特定し、MAY I. CAN I. SHOULD I の質問をした後に）、ものさしがターゲットの上にきたときにダウジングツールにサインをもらうことを頼みます。

2 ダウジングによってものさしがターゲットの上にあることを示したとき、そのスライドさせる動きを止めて、ものさしの端に沿って線を引くか、そのラインの位置を覚えておきます。

3 ものさしを90度回します。そしてものさしを地図の上をスライドさせていきます。ものさしがターゲットの上にきたときに、ダウジングツールにそれを示すよう頼みます。ものさしの端に沿って線を描くか、その位置を覚えます。1本目と2本目の線が交わった場所がターゲットのある場所となります。

ヒント＃1　もしペンデュラムとチャート（本書末尾の基本チャートが使いやすいです）を使うのであれば、ペンデュラムにチャートのＹＥＳの左側でスイングするように頼みます。ものさし（あるいは鉛筆）を動かしていき、ターゲット（水脈、有害な場所、物など）に近づいていくほどペンデュラムのスイングもＹＥＳに近づいていきます。ターゲットの上にものさしがきたときにペンデュラムもＹＥＳ上をスイングします。ペンデュラムがＹＥＳの右側にずれていったのなら、それはものさしがターゲットを通り過ぎていることを表します。

ヒント＃2　ペンデュラムにターゲットの方向にスイングするように頼みます。そしてペンデュラムが回転するまで、その方向に従って近づいていきます。もしくはＬロッドにターゲットの方向を指すように頼み、その方向を追跡していきます。どの方法で行ってもよいですし、独自のやり方を作り出してもよいです。あなたが作ったやり方も含めて、すべての種類の練習をすると早く上達していきます。楽しんで行ってみてください。

ダウジングの原理とは？

さまざまな可能性や要因が複雑にあるテーマになりますが、この領域の調査研究を十分にすることで、多くの役に立つヒントや気づきを得られることでしょう。

◎心

心がダウジングに介入する可能性について考えていきましょう。心はご存じのように忙しく動き回るもので、またそのようにできているともいえます。多くの練習をすることで、あなたは心を静める方法を知るようになります。しかし、ダウジングをする場合はある意味、心が忙しい状態を保持することになります。なぜなら、ダウジングシステムに対して、話したり聞いたりしなくてはならないからです。心は起こっていることを理解し、それを感じ取る必要があります。いろいろな方法によって、心を忙しく動かし回すことと、理解することと、この2つを私たちは同時に実現することができます。まず、ダウジングツールを使うならば、そのツールの動きを注視することで心は忙しくなります。その背景には、動き、好奇心、期待、予測があり、心はそれらすべてを楽しむわけです。そして、何が起きているかについて、そこに正当性や合理性を心が見出せば、あなたはいらだったり、投げ出したり、猜疑心を持ったりすることはないのです。つまり、私たちは少なくともダウジングで起こったことに対して、たとえそれが部分的にせよ、何らかの合理的説明ができることが必要なのです。

◎感覚システム

感覚システムについての情報は、各種の科学的な研究から形而上学（スピリチュアル、エネルギーヒーリングのような非科学的分野）の本や記事に入り乱れて存在し、内容も千差万別です。カリフォルニア州ヨーバリンダにある米国退役軍人局医療センターの神経生理学者が1983年に発表した科学記事には、電場に対して人がその影響を認識できる下限値は、かつて考えられていた値よりも実際は極めて低く、そのかつて考えられたものの百万分の一というごくわずかなものを感知できると書かれていました。このニュースはほとんどの科学者を驚

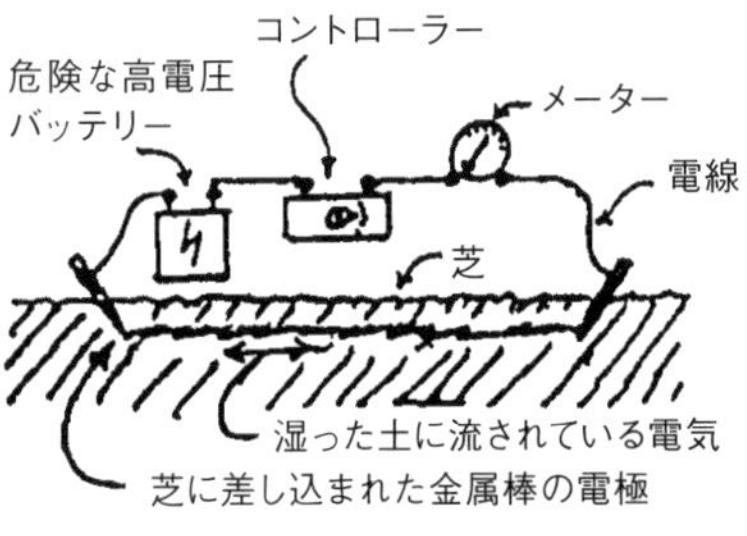

かせましたが、ダウザーたちは驚きもしませんでした。ダウザーは地面に流された電気でさえ、その電磁エネルギーを簡単に感じ取れることを知っています。その実験はダウジング会議の際に、過去何度もされてきました。

私たちの体には電磁波情報を感じ取る3つのセンサーがあることが発見されています。ひとつは下垂体の中あるいはその近くに、そして2つの副腎にそのセンサーがあります。潜在意識は、それらの3つのセンサーポイントを使って電磁波の発生源までの距離や方向を把握しているのです。これは、おそらく2つの眼を使って2つの基準点により距離を把握する視覚の原理と同じようなことがなされていると思います。

◎水と電気

簡単な実験でも動く水が電気をつくることがわかります。水滴を電線に垂らして滑り落とすと電気が発生し、68ボルトを必要とする小さいネオン電球に光を灯します。これは、プラスティックの椅子にこすり合わせた後、他の人を触ると静電気でスパークするような原理です。

地下水脈の水の流れもそのような部類のことを起こし、電気の流れとの関連性があるようです。いかなる時も導体を電気が流れると電磁場を作り出します。そして電磁場は、私たち自身の内部センサーによって探知できるのです。目が形や濃淡や色を識別できるように、その電磁波センサーは少なくともダウジングに関する限り、発生源の違いによって起こる異なる電磁波パターンを識別できます。従って、潜在意識は簡単に地下水脈のある場所を知ることができるのです。

潜在意識から顕在意識への情報の引き上げ

問題は潜在意識から顕在意識への情報の引き上げです。これはダウジングツールが関わる領域となり、それだけがその引き上げを有効に機能させる方法です。筋反射テストのことを聞いたことがあると思います。事前にプログラミングされた潜在意識が、非自発的な筋肉の動きをつくるもので、真実を言うと力が出て、嘘を言うと力が弱まるというものです。多くのカイロプラクター、心理学者、代替医療従事者などに使われています。もしその経験がないのであれば、知識がある

ここではケルヴィン水滴誘導起電機のことを説明しています。1867年にアイルランド出身の物理学者ウィリアム・トムソン(ケルヴィン卿)が発明した一種の静電発電機です。滴り落ちる水流に対して静電誘導を及ぼすことにより、2系統の集電器に逆符号の電荷を蓄積して高い電位差を作り出す装置です。

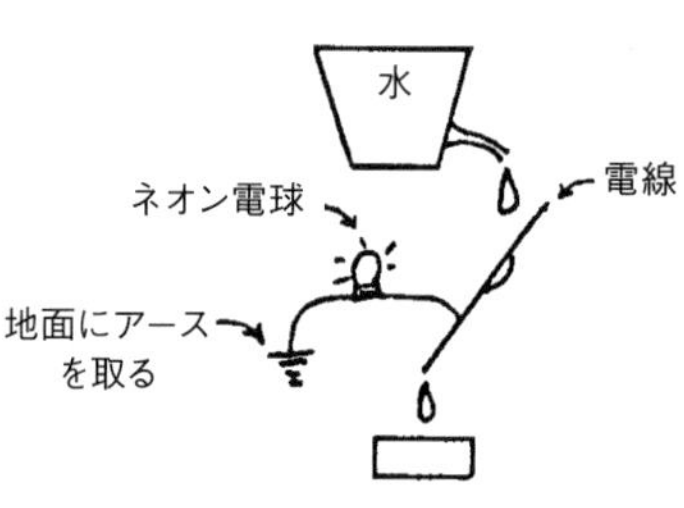

方にやって見せてもらうとよいでしょう。驚くほど見事に機能します。

あなたは潜在意識にダウジングのことを含め、いくらでも多くの反応の規則をプログラミングできます。電子筋反射テスト装置をダウザーに付けると、潜在意識による非自発的な筋肉の動きがダウジングツールの動きをつくり出していることがわかるでしょう。ダウジングは実際には他の要因も多く関わっていると思われます。しかし、この説明は合理性がありますし、ダウジングを始めるにあたっての理解として、よい考え方だと思います。

ちょっと待ってください！ その論理は、土地のダウジングや水脈を探す場合は説明がつきますが、ほとんどの現代のダウザーが行うマップダウジングについてはどうでしょう？ この点について内心では、「論理的に説明する方法はない」そう思っているのではないでしょうか。

マップダウジングの手法を使って、ダウザーは正確でなおかつ実証的に水脈や物の位置を（自分の居る位置との距離などものともせず）何度もダウジングで特定してきました。ダウジングツールと地図または略図を使うだけで。じつは土地のダウジングのケースのようにマップダウジングについても簡単にその原理を説明できます。マップダウジングのシステムは、いわゆる「バクスター効果」と関連があるように思われます。

バクスターは嘘発見器（ポリグラフ）のスペシャリストです。彼は、ガルヴァニック皮膚反応センサーを植物の葉の先に取り付けました。この装置は皮膚の電気抵抗値を測定するものです。彼は、植物に水をあげ、電気抵抗値の変化により、どれくらいの時間で水が葉の先端に到達するのか、そのことを調べようとしたのです。しかし、彼の目的に反して、その植物に取り付けられた嘘発見器は人間が幸福感で満たされているときのような反応を即座に示しました。この予想外の結果に憤慨し、葉を燃やしてしまおうと思いました。

すると、彼がそう思った瞬間に、嘘発見器はその植物が恐怖の反応をしていることを示しました。そのバクスターの実験は、多くの人たちによって多くの方法で何千回と行われていますし、テレビや多くの本でも発表されました。

実験ではある種のエネルギー、他によい言葉が見つからないのですが、「超意識」と呼ばれるものが、バクスターと植物の間で行き交っていたのではないでしょうか。つまり「超意識」は人、動物、植物、

ほとんどすべてのものの中にあり、それが行き交っており、さらには潜在意識が関わり、それを情報化する助けをしているのではないでしょうか。今まで何も理由がないのに心配や不安を感じることはありませんでしたか？　お母さんが子供に何か起こることを前もって、予感で知っていたことはありませんか？

そう、あなたの潜在意識が「超意識」に接続され、あなたがダウジングツールで潜在意識にアクセスし、その潜在意識を経由して超意識から多くの情報を飛び込ませることができるのです。

あなたの顕在意識が潜在意識と常時接続されないのは、多すぎる情報の流入に顕在意識がオーバーロードを起こす危険性があるからです。考えてみてください。何億もの継続的な潜在意識からの情報があなたの意識にどんなことを引き起こすのか。ダウジングツールは、潜在意識にある情報を選択して役に立つものだけを伝えてくれるのです。もちろん、ダウジングは深淵にして広大です。端的にその説明は困難です。しかしながら、ダウジング原理は本書で解説したような理解から始めるとよいでしょう。新しい概念の探検を楽しんでください。

6

100を超えるエネルギーチェック項目

（復習とその手順）

もしダウジングが私たちの潜在意識、ハイヤーセルフ、超意識などにつながることができるなら、いわゆる普通の方法でつながることができない私たち自身の情報にもつながることができるでしょう。ここでは100を超える多方面の分野から自分自身を深く知り、改善していく方法を多くの例を参考にしながら学んでいきます。このシステムを扱いやすいように、次の3つのポイントで説明します。

1 コンディションプログラム

最初に、あなたのダウジングシステムに必要なプログラムを設定します。ここでは、あなたが何に興味があり、どのパラメーターを使い、どのようにあなたの質問に答えるのかをダウジングシステムに設定していきます。このコンディションプログラムをつくるにあたり、あなたは土台となる基本プログラム（34ページ）をすでに設定しているはずです。

この2つのプログラムは、興味ある新しい分野の開発のための、完全性と相互共通認識の条件をダウジングシステムに与えます。簡単な3つのSTEP（31ページ）を行うことで、あなたの必要に応じて、どのようなプログラムに対しても、その内容は常に付加、消去、変更することができます。何かを変更したのなら、書き留めておくとよいでしょう。あなたのダウジングプログラムの内容を、必要に応じて確認することができるからです。

◎STEP BY STEP コンディションプログラム設定手順

A 31ページの3STEPプログラムインストール法【A】を読みます。答えがYESであれば【B】に進み、コンディションプログラムの最初から読み始め（108ページ）、最終部分の「プログラムを終わります」まで読みます。

B 3STEPプログラムインストール法【A】に戻ります。そして、Q①とQ②の2つの質問を加える許可を得て、その2つの質問文を読みます。

Q① エネルギーチェック項目全体を通して、【私の】コンディション全体の平均的な影響度のレベルは何ですか？

Q② 【私の】心身全体のコンディションに対し【私に】最悪の影響を与え、害のあるチェック項目の影響度のレベルは何ですか？

続いて、利便性のために次のような省略表現を設定します。

省略表現として【コンディション全体の平均】という言葉がQ①の質問文を、【最悪の項目】がQ②の質問文の全体を示します。プログラムを終わります。

以上によりこのプログラムは設定され、「100を超えるエネルギーチェック項目」は有効に機能します。

C

最後のSTEPとして、3STEPプログラムインストール法【C】を読みます。答えがYESであれば、108ページのコンディションプログラムは終了です。

注意 これでダウジングワークするためのプログラム、相互合意規則、条件が整っています。一度、あなたの潜在意識やダウジングシ

後催眠暗示

posthypnotic suggestion

心理学、精神医学用語。催眠中の被験者に対し、その催眠から覚醒したあとに一定の行動をとるようにかけられる暗示のこと。通常覚醒されたあとでは「暗示されたこと自体をすっかり忘れるように」という健忘暗示と一緒に与えられる。これによって被験者は催眠中暗示された行動を、覚醒後に行う。種々の心的疾患の療法に利用される。出典ブリタニカ国際大百科事典 小項目事典。

ステムにそう設定されたなら、もうこの指示説明文を繰り返して読み上げる必要は決してありません。この方法を使うことで、まるで**後催眠暗示**のように、ダウジングをするときはいつもそのシステムは自動的に有効に稼働するようになるのです。

2 質問

一度、あなたのダウジングシステムとあなたが使用する**パラメーター**（評価測定基準値）について相互合意をしたなら、質問に対してより詳細で具体的な答えを得ることができます。ここで設定した2つの質問をすることで、状況判断をより深めていく目的があります。

最初の質問であるQ①は、あなたの存在の全体的、総括的なもの、あなたのすべての要素を平均化して考えています。すべてのコンディションプログラムの項目を通して、【あなたは】平均的な健康状態の人や、【あなたと】同年齢の人や親しい人と比較していくことになるでしょう。ということは、その比較対象となる平均的な人のエネル

パラメーター

本書においては、そのパラメーターはダウジングチャートというこ とになります。メジャーロゼットのようなカラーチャートにしても、ボヴィスバイオメーターにしても、そのパラメーターなのです。簡易的には、例えばペンデュラムの動きの激しさの程度をパラメーターとすることもできますが、明確さを求めるのであれば、数量的定量的な表現ができるパラメーターを使っていくことになります。

ギー数値を多目的複合ダウジングチャートでダウジングしたなら、その円のバランスを示す場所を上下に動いて示すことになります。もちろん、あなたのコンディションがそれとの比較において、よりよい値を示すことが望ましいでしょう。

Q②の質問が総合的なあなたへの影響を評価するという立場において、あなたにまったく害のない特定分野にされたときの答えはゼロを示すことになるわけです。

3 より詳細な分野と分析

108ページのエネルギーチェック項目の基軸は、いろいろな意味であなたの個人的システムに影響を与える、各種の状況や条件です。大まかに《1》から《4》に分類しています。したがってあなたは（あなたのダウジングシステムの助けとともに）そのうち最も影響度が高い分野を優先して取り組んでいくことになります。その4つの分野は次のようなものです。

《1》エネルギーと物質

《2》心とスピリチュアルな影響

《3》化学的または生物学的分野

《4》前述の3つの分野で扱いきれない内容、十分な知識や言語を私たちが持ち合わせていない特殊な分野

◎STEP BY STEP コンディション調査手順

A ペンデュラムを「質問の準備」でスイングさせたら、「100を超える【私の】エネルギーチェック項目をダウジングしてもよいですか？ ダウジングできますか？ すべきですか？」と聞く。

↓答えがYESならば、次のBへ進む

↓答えがNOであればその判断を信じる。理由を聞く。

B ペンデュラムを「質問の準備」でスイングさせ、Q①の質問をする。質問文全体でもよいし、あるいは省略語を設定した「コンディション全体の平均」と言って質問しても結構です（コンディションプログラムにその言葉は類似表現を自由に設定して使うことも可能）。ペンデュラムは「質問の準備」から動き始めて、有益または不利益の

ポジションに動くようにプログラムされており、ダウジングチャートの円（本書末尾）の上部半分を使って読み取ります。これは、【あなたを】平均的な健康状態の人や、【あなたと】同年齢の人や親しい人と比較することになります。平均的な人の状態を示す「Bal」と表記された部分より、よりよくポジティブな結果をあなたのダウジングが示すことが望ましいということになります。

C
「質問の準備」にペンデュラムを戻し、Q②の質問のすべての文章を言うか、「最悪の項目」あるいは独自にプログラム設定をした類似表現の省略文を言います。

1 ペンデュラムは【あなたの】あらゆる側面に関わる、エネルギーチェック項目の中で最悪の項目の影響度を示すようにプログラムされています。

2 もし、ペンデュラムがゼロを示すかポジティブ側に動いたとしたら、それ以上調査を行う必要はないでしょう。

3 もしペンデュラムが不利益、つまり平均値より少ないネガティブ側に動いたなら、あなたのすべき選択肢はたくさんあります。その説明は後述していきます。

a 108ページの各チェック項目に着手します。それぞれの分野の影響レベルを調べていきます。太字の文字だけを読みます。あなたの潜在意識は108ページの内容をいったんプ

ログラミングしたなら、すべて記憶しています。そのため、調べたい事柄のキーワードだけを言えば結構です。

b もしくは時間の短縮、効率化のためにダウジングシステムにどの分野に最も悪い影響があるかを《1》〜《4》の各分野の番号を使って、示してもらう方法もあります。そのうえで示された分野の各項目を進めていくのです。そして再び同じ手順で次に悪い影響を与える分野を探します。すでに行った分野をダウジングシステムが選ぶようなことがあれば、それはすでに行っているわけですから無効となります。

――例

a Q①「コンディション全体の平均?」 答え＝（＋）6

b Q②「最悪の項目は?」 答え＝（－）4

c 「どの分野に行くべきですか?」 答え＝《1》エネルギーと物質

d その分野に取り掛かります。一行ずつ順番に。ネガティブなチェック項目を見つけるまで影響度をダウジングしていきます。

経絡? 答え＝（＋）7

オーラ？　答え＝（－）４

ネガティブな項目を見つけたら、次のｅに進みます。

e　「次に悪い項目は何ですか？」答えが（＋）であればネガティブ項目を調べるダウジングは終わりです。もし、答えが（－）であれば、ｃの最初に戻り、どの分野が次のネガティブ項目なのかを調べます。ｅとｃは、すべてのネガティブ項目を見つけるまで繰り返します。

ネガティブ反応を得たときどうするか？

理解してほしいことがあります。この本の方法論は、あなたが調査や評価をするための、ひとつの概念であり提言にすぎないことを。あなたにとって役に立つことだけを取り入れていけばよいのです。他にも同じように役に立つ方法論は多く存在します。

エネルギーの修正

ここで紹介するダウジングプロセスは、とても興味深いものになると思います。ダウジングシステムに「エネルギーの修正をして、状況改善のために何かをすることができる

か」をたずねてください。ＹＥＳの答えが得られたなら、プロセスを進めます。ペンデュラムに再びネガティブな事項についてのリーディングをすることを求めます。ペンデュラムはチャートのネガティブ側を再び前後に動くことになります。その状態で、ペンデュラムに適切なエネルギー修正がなされることを願います。そして、エネルギーの変容状況を示すようペンデュラムに頼みます。

ペンデュラムの動きを注意して見てください。ネガティブポジションから、バランスポジション、願わくばポジティブポジションに動いていくことが確認できるでしょう。

何が起きているかを示す、メーターとしてペンデュラムのスイングを利用してください。ペンデュラムの動きはエネルギー状態を示すメーターとしてだけ使います。

ペンデュラムが動いているときは何らかの質問をしたり、エネルギーの変容プロセスに何らかの思考を入れて干渉しないようにしてください。ちょっとしたことで即座に変化を起こし、違う値を示すよう

一度、ダウジングシステム（潜在意識）に修正の対象と意図をプログラミングし、ダウジングプロセスが進行し始めたなら、一切をそのプログラムに任せるようにします。それは言わば、行き先の決まった電車に乗り込んだような状態ですから、すべてをダウジングシステムに任せ切るわけです。これが意図設定になります。設定した意図というものは非常に強く確実なものなのです。しかしながら、エネルギー変容プロセスの途中で余計な意識が動くと、その意識エネルギーがプロセスを妨害することになるのです。そのため、ペンデュラムが動いている間は淡々とその動きを観察するようにします。

なことがしばしばあります。潜在意識、心、または他の関わる何らかの力、それらを決して過小評価しないようにしてください（忘れないでください。これはあなたの個人的なダウジングワークです。適切な医療的診断やアドバイスの代わりになるものではありません）。

エネルギーの修正のバリエーション

ダウジングにおいて行われることは「探知」と「変換」だといわれます。コンディションプログラムにおいて、多方面から深く自己分析をして状況を判断し、問題を改善し、適正化していくことを目的としています。それは人の潜在意識、自己治癒力、ダウジングプログラムの力を最大限に使うものです。人はいろいろなレベルの意識の力で多くのことが可能で、そういった力を引き出すのがダウジングともいえます。本書で紹介しているいる基本のダウジングによるエネルギー修正のテクニックは応用が可能です。ダウジングはその他のあらゆるヒーリングテクニックととても親和性が高いのです。カラーヒーリング、音楽によるヒーリング、風水、筋骨のマニピュレーションのようなボディワーク、アロマ、フラワーエッセンス、クリスタルヒーリングなどといった各種の手法を選択肢とし、問題解決のレメディとして使っていくこともできます。自身の慣れ親しんだヒーリング手法で問題解決に効果のあるものをダウジングで選び、ダウジングプログラムと合わせて相乗効果をもたらすこともできます。また、ペンデュラムやワンド自体の力やその動きやテクニックと合わせていくこともあります。もちろん、人の健康のかなめとなる食べ物、運動、睡眠、そういったことのチェックをダウジングで行い適正化させることも有効なことは言うまでもありません。

――例

もし先に挙げたのようにオーラにネガティブ反応が出れば、オーラに前述した修正プログラムを行います。修正ダウジングプロセスが終わった後、ダウジングによって状態チェックを行います。何らかの有害なエネルギーの影響が示されるなら、有害エネルギープログラム（79ページ）に加えて「有害エネルギー修正プログラム」を追加します。

〔**有害エネルギー修正プログラム**〕

有害エネルギーに対して行われる修正によって、今後は**【私／私の植物・動物・設備】**にネガティブな影響を今後は決して与えません。これは、私が**【解決を望む領域】**すべてのためであり、**【人生設計／私が関わること／他のいかなる適切な要求】**のためであり、付随した害を起こさず、他の人、植物、動物、母なる地球に災いをもたらすものではありません。この文章全体は次の言葉でさらに活性化されます。どうか**【示された場所の／人からの影響を／その長さを】**修正してください。プログラムを終わります。

そして、修正を行った後はペンデュラムを使って再チェックします。また、問題のあった特定分野についても調べます。ダウジングはこのシステムによって素晴らしい結果をもたらし、悪状況の再発の可能性は低いでしょう。同じように効果的に機能する他のシステムも多くあるでしょう。あなたに一番合った方法を採用して実践してみてください。

稀に起こること

ダウジングが、私たちの理解の範囲、あるいは理解を超えた領域の、特殊な**存在**や何らかの力により、望まないネガティブな影響を示すことがあります。それは近く、あるいは遠くから影響を受けているものかもしれません。そして妨害や、操作をしようとしているかもしれません（この「存在」「力」という単語は広い意味で使っています）。

特殊な存在からの悪影響の対処法

その解決法として、ダウジングシステムに対策をたずねます。その存在たちの世界への対処、適切な治療、あるいはその他の適切な行動について、ペンデュラムの動きを見ましょう。何をすべきか、その方

存在

原文では「entity」です。対訳の日本語は実在、存在、実在物、実体、本体、自主独立体という言葉になりますが、こういった分野では、3次元のこの世界にいる物理的な存在とは違う存在、霊や特殊な世界の住人であり、禍をもたらすものを示しています。しかしながら、それを具体的な言葉で口にすることをダウザーたちは避けます。理由は、言葉にすることで意識に強まり、それが潜在意識に刷り込まれ、好ましくない存在たちとのつながりを増やしてしまう可能性があるからです。そのため、それもまた物体として体を持たないもの、つまり、エネルギーであるので、単にネガティブエネルギーというバスケットネームで処理をしていくことが多いです。

法がわかります。

100を超えるエネルギーチェック項目 影響度の確認手順

ペンデュラムで各チェック項目の影響度（チャート上のNormal、Mild、Strong,…）を測定するとともに、次の2つの質問をします。

Q① エネルギーチェック項目全体を通して、【私の】コンディション全体の平均的な影響度のレベルは何ですか？

Q② 【私の】心身全体に対し、【私に】最悪の影響を与える、害のあるチェック項目の影響度のレベルは何ですか？

注意 その質問をする前には「MAY I, CAN I, SHOULD I」の質問をします。もしプログラミングされていなければ、2章「プログラミング」（29ページ）と、本章「100を超えるエネルギーチェック項目」（93ページ）を参照してください。

〔**コンディションプログラム**〕

コンディションプログラムは、すべての私のダウジングプログラムの一部であり、私が変更をしない限り、継続的に有効です。その反応は、影響の度合い、YES／NOで示され、それはコンディション、環境、状況、影響、その他すべての領域においてなされ、それは平均的な健康状態の人、【私の】同年齢の人、親しい人との比較から表現されます。その影響は単独あるいは複合されたもので、継続的あるいは断続的に、度合いや数値にわずかなものから非常に強いものまで表現されます。これは【私の】心身全体において、いかなる分野にも対応するもので、【現在より過去24時間の範囲の】時間帯を取り扱います。その反応は、どの領域にもリストされていない他の影響やコンディションをも考慮に入れたものです。

《1》エネルギーと物質

a **経絡**　鍼治療点（経絡点）、経絡に関連したエネルギーフィールド

b **オーラ**　センターリング、エネルギーレベル、エネルギー漏れ、弱い領域、エネルギーホール、欠陥

c **カラーバランス** チャクラ、オーラ、エネルギーフィールド、赤外、赤、橙、黄、緑、青、紫、紫外

d **エネルギー** 愛、生命力、生命エネルギー、気、陰陽、感情、カルマ、地球

e **有害エネルギー** 自宅、職場、その他の生活空間

f **ビタミン** C、B、パントテン酸など

g **ミネラル** カルシウム、関連ミネラル各種

h **身体バランス** 酸素、塩分、水分、糖分、栄養素、エネルギー、睡眠、休養

《2》心とスピリチュアルな影響

a **心** エネルギー、力、機能、制御、ストレス、安定、会話

b **感情** レベル、ホルモン影響、環境、物質影響（食べ物、薬品など）

c **態度、イメージ** 健康、生活、人々、社会、世界、自己、成功、失敗

d **パターン** 心の持ち方、習慣、特徴、文化、遺伝、祖先の影響、過去世

e **神経システム** エネルギー、ストレス、欠陥、遺伝

f **対立・不和** 個性、バイブレーション、抑圧、環境

g **衰弱** メソッド、システム、人、力、存在
h **過去世** 生まれ変わり、残留効果、紛糾、愛着、カルマ
i **スピリチュアルな存在** 所有、干渉、オーラ、近辺、頻繁、時々
j **他の影響** 内的、外的、サイキック、心、親しいもの、愛着、紛糾、霊的、スピリチュアル、存在、カルマ、環境
k **防御** 肉体的、精神的、サイキック、霊的、スピリチュアル、オーラ、その他の望まない影響・エネルギー・力などから防御するもの、有益なものを受け取るための機能

《3》化学的または生物学的分野

a **イオンと電解質** 内的、外的
b **アミノ酸** バランス、レベル
c **酸・アルカリ** バランス、レベル
d **毒素** 内的、外的
e **感染症** あらゆるタイプ、肉体的、霊的、スピリチュアル、サイキック、心、その他
（菌類、酵母、バクテリアなど）

f **アレルギー** あらゆる原因や理由から、動物、植物、化学品、心、サイキックなど

g **システム** 免疫、防御、ヒーリング、再生、ホルモン、酵素、補酵素、食品加工、栄養やエキス変換、内部連絡システム、他

h **器官** 心臓、肝臓、脾臓、膵臓、腸、胃、肺、目、聴覚、皮膚、他

i **痛み** 肉体的、精神的、サイキック、スピリチュアル、霊的、警告

j **圧力** 血液、機構的、成長、神経

《4》前述の3つの分野で扱いきれない内容

a **その他** 知る、知らないにかかわらず、言葉で表現できない領域

※他の名前や時間は、必要に応じて【 】内を入れ替えることができる。

プログラムを終わります。

注意 64ページ「⑦診断行為をしない」参照

メモ　ダウジングシステムに使える変更可能なことについては、何ができるか、何が起こるかをダウジングシステムに聞く。

最重要　これらの情報は、直感的、ダウジング的なもので、科学データによるものではない。

『ロビンへの手紙』の使い方

1　まずは全体をざっと読んで、全体的に何が書いてあるかを大まかにとらえてください。

2　自分の名前を無意識のうちにさっと書くかのように、ペンデュラムを無意識に動かせるように練習してください。意図的に指を動かして、ペンデュラムがYESの上をスイングさせることから始め、ペンデュラムが自ら動いているかのようになるまで練習します。それは潜在意識がYESを示しているということになります。その段階になると、自分の名前を無意識に書くのと同じように、自動的に潜在意識によってペンデュラムをコントロールできるようになります。

3　あなたの潜在意識がYES／NO／質問の準備を示すように訓練（プログラム）されたなら、あなたの潜在意識に、どのように、何を、いつ、といった条件をプログラミングする段階になります。潜在意識はあなたが伝えなければ、あなたが何を望んでいるかを知ることができません。同じ意味で、そもそもあなたの潜在意識は、プログラミングされるまでは、あなたの自分の名前を書くことはできませんでした。あなたが望むことをあなたの潜在意識に設定する方法はひとつ、34ページにある基本プログラム、そして「MAY I, CAN I, SHOULD I」プログラムです。31ページの3STEPプログラムインストール法によって設定していきます。「質問の準備」の位置から少し横にある、YESの上をペンデュラムにスイングさせ、プログラムを読むことで設定されていきます。

4 多目的複合ダウジングチャートは、いったん使い方を知れば、とても簡単に使うことができます。

5 今あなたは、ダウジングをして情報を得る準備が整いました。自分が興味のある事柄、その関連プログラムを設定してください。多くの人は108ページの内容に興味を持つようです。そうであれば、そこから始めてもよいでしょう。このプログラムを設定するためには、コンディションプログラムを最後の「プログラムを終わります。」まで続けて読み上げます。あなたのダウジングシステムは、ペンデュラムがチャートのYESの場所に行くこと、そしてプログラムを読む間、YESの場所にとどまっていることでプログラムの受け入れに同意していることを示します。

注意　あなたのダウジングシステムは、あなたと同年齢の人や親しい人を参照したり比較したりするでしょう。その比較対象者のエネルギーレベルは、ペンデュラムが垂直に「Bal.」（balanced）スイングすることで示されています。あなた自身のことをたずねたときは、ペンデュラムが有益な側の（＋）10を示せばとても好ましい結果ということになります。これは平均的な比較対象した人よりも、あなたが極めて良い状態であることを示しているわけです。

6　コンディションプログラム（108ページ）と多目的複合ダウジングチャートを使うとき、ペンデュラムを「質問の準備」でスイングさせることから始めます。次は95ページの質問Q①、そしてQ②を行います。ペンデュラムがネガティブ側にスイングしたなら、注意すべきでしょう。これは、参照した人よりも良くない領域があることを示しているからです。

7　ネガティブなリーディング結果が出たら、102ページを参照します。そこには「ネガティブ反応を得たときどうするか?」という提案が書かれています。ネガティブエネルギーの対処・調整をする際、どのように潜在意識にアプローチしていくかが書かれています。

8 ネガティブなリーディングが出た場合、その原因や理由を知りたいなら、108ページのコンディションプログラムに進み、各項目のレベルを聞いていきます。ダウジング時間の短縮のために、まず最初に《1》～《4》の分野から選ぶことで適合する項目の範囲を狭めることができます。

9 どうしたらあなたのダウジングが信じられるようになるかについては、42ページの「いつあなたが自分のダウジングを信頼できるようになるか」を参照してください。

10 「ロビンへの手紙」以外の他のプログラムも楽しくワークができますし、結果的にはそれも同じようにアプローチすることになります。他のプログラムの場合も、多目的複合ダウジングチャートを有効に活用できます。

楽しいダウジングを

ありがとう、ウォルト

翻訳者あとがき

数あるダウジング本の中で名著と言われ、非常に多くに人たちに読まれ、今なおダウジングに興味のある人々に役立っている、この『ロビンへの手紙』の翻訳を任されたことは、大変光栄であり、感謝の念に堪えません。

ウォルト・ウッズは穏やかな人柄、献身的な姿勢、優しい心を持つ人物でしたので、多くの人々に尊敬され愛されていたそうです。また、ダウジングの素晴らしさ、その力の大きさを誰よりも信じ、実践していた人でした。ウォルト・ウッズと親しくしていたアメリカダウザー協会の皆さんからそのような話を聞いておりますし、実際、本書の文面からもその人柄はくみ取れます。

本書は、ダウジング初心者のために書かれました。私の経験上、未経験者がダウジングに対する反応や考え方は、次の２つのように思います。とても難しいと考えるか、とても簡単と考えるかです。

前者は、超能力のような類まれな特殊能力の持ち主のみが行えるものだから自分はできないと考える。後者は、ダウジングなんて潜在意識の声を聞くだけの原理だから簡単だ、いちいち勉強しなくても自分はできる、という考え方。

前者は、ダウジングに挑戦しても超能力を駆使しようとするので、超能力や魔法の技術がない人は失敗します。後者は、簡単にできるというのになかなかうまくいかない。そして理由もわからず迷宮に入る。ただ、後者だった人はこの本を読み終わると大きな助けが得られ、明らかなダウジングの上達が起こったと思います。さらには、ウォルトのような冷静で穏やかで愛情あふれる心が起こった人すらいるでしょう。

ダウジングの世界においてダウザーのタイプは、メンタルダウジング派とフィジカルラディエスセシア派に大別されます。メンタルダウジングは言葉の通り、広い意味での「意識」を主にダウジングを行っていく方法です。フィジカルラディエスセシアは、自然科学の法則、色、形、角度、比率、音、動き、そういったものが放つ固有のエネルギーを活用していくダウジングです。もちろん、両者はオーバーラップする部分も少なからずあり、ダウジングを動かす両輪であり、片輪ではうまく走れないのがダウジングという車です。どちらを主軸において自分のダウジングシステムを構築するのか、という意味合いで

2つに大別しているというようにご理解ください。

私自身はフィジカルラディエスセシア派で、ウォルト・ウッズはメンタルダウジング派となります。顕在意識、潜在意識、超意識、それらの意識の取り扱いがとても丁寧であることから、皆さんもおわかりになったと思います。

反して、ツールは何でも構わないが、それぞれがきまって使うお気に入りがあるという表現からは、フィジカルラディエスセシアには重きを置いていないこともわかると思います。じつはそのようなダウザーの場合は、感覚でツールを選ぶが、優れたダウザーの場合、往々にしてフィジカルラディエスセシアの自然科学理論に合致した選択や使用法を熟知しているものです。どちらからのアプローチをしても、歩く道は違っても、到着するゴール地点は同じ場所といえると思います。

ウォルト・ウッズは、メンタルダウジングを行いながらも、当時としては最先端の科学によるエビデンスを取ろうとし、また実験も行っており、遺伝子学、栄養学、電磁波測定、脳波測定、そういったことも取り入れているという意味で、非常に特徴的な人であったと思います。まさにトータルな意味でダウザーとして、先端の研究とワークをしていたといえるでしょう。

彼の提案するダウジングシステム、本書は入門用という名目もありますが、ダウジング上級者にも十分役に立つものだと思います。多くのプロダウザーの意見を取り入れ、あるいは協議して改訂を積み重ねてきたこの本は、プログラムがとても複雑のように思われたかもしれませんが、ポイントはとてもシンプルです。この本を読むことで、自身がダウジングがうまくいかなかった理由、あるいは、うまくできていた理由がよくわかってきたと思います。

彼の提案のように、本に書かれている手順でひとつひとつ簡単なことを、しかし丁寧に正確に積み重ねていくことで、優れたダウザーになれると思います。そして、楽しく、有意義で、価値のある人生を健康に過ごせるようになっていくことでしょう。ウォルトがいつも文末に付け加え続け、挨拶のように言い続けた「Happy Dowsing!」には、そんな願いが込められていると思います。

ペンデュラム入門&
エナジーダウジングレベル1講座

ペンデュラムを使ったことがない初心者から中級者を対象。ダウジングの基礎と、エナジーダウジングの基礎、イシスペンデュラムの使い方とそのヒーリング・メソッドが同時に学べる講座です。エナジーダウジングの世界を初めて学ぶ方にも最適です。

エナジーダウジングレベル2講座

ラディオニックペンデュラムは、3つのディメンションでカラーヒーリング（クロマセラピー）を行うことができ、クライアントのエネルギーコンディションを測定しながら同時にハーモナイズできる、ヒーリングペンデュラム世界最高峰の機種です。レベル2講座では、このペンデュラムのテクニックを唯一、日本で学ぶことができます。

※各講座の概要は、日本ダウジング協会Webサイトでご確認ください。
→ http://dowsing.jp

著者 ウォルト・ウッズ 1926 - 2011

アメリカダウザー協会(ASD)元会長、サトルエネルギー研究協会(SERI)創始者・初代会長。『ロビンへの手紙 Letter to Robin』は、世界で最も読まれているダウジング本といわれ、原文の英語の他、フランス語、ドイツ語、イタリア語、スペイン語、日本語に翻訳され、ダウザーの誰もが知るダウジングの歴史に名を遺す名著として有名。ウォルト・ウッズはアメリカダウザー協会やオザーク研究所「Power of Thought School」を中心に多くの講義を行った。ダウジングのアクティビティと合わせ、早くから脳波測定によるダウジングやヒーリングの調査を行い、科学的アプローチも行っていた。また、ダウジングによる休眠遺伝子の活性化、食事やビタミンをはじめとする栄養学的アプローチも有名。彼の残した2つの言葉が彼のダウジング人生を象徴している。

"Dowsing is coupling our minds to the Universal Mind to get 'unknown' information of any nature."（ダウジングは私たち人の心を宇宙のそれと結びつけ、あらゆる自然界の未知なる情報を得るものである。）
"Dowsers are the most powerful people in the world."（ダウザーは世界で最もパワフルな人間である。）

彼の穏やかで思慮深い人柄は多くの人に愛され、彼の教えは多くの人の生き方をより良いものに変えていった。他の著作に『Companion to Letter to Robin』『Dowsing Programs for Food and other Concerns』『Advance Dowsing Research』『Personal Dowsing』がある。2011年没。

訳・解説 加藤 展生

JSD日本ダウジング協会 会長

1965年静岡県掛川市生まれ。1998年より、ヒーリングセラピストとして活動を始める。さまざまな問題を抱えた人たちを施術するうち、既存のヒーリング手法に限界を感じ、「ほんとうに人を癒やすものは何か？」と模索する中、古代エジプト神秘形状エネルギーを利用したダウジングヒーリングと出会う。アメリカ、イギリス、カナダ、フランスなどの主要な世界のダウジング協会のプロダウザーたちと技術交流を重ね、独自のダウジング理論を構築。2012年にJSD日本ダウジング協会を設立。全国でワークショップを開催し、ダウザーの育成を進めている。著書に『エナジーダウジング』、作家田口ランディとの共著『ダウジングって何ですか？』（ともにホノカ社）がある。趣味は、アサガオの栽培、登山、テニス、ジムトレーニング。

本書に関するお問い合わせ

JSD日本ダウジング協会®
The Japanese Society of Dowsing

〒420-0046 静岡県静岡市葵区吉野町4-7
TEL 054-270-5490 info@dowsing.jp
http://dowsing.jp

JSD BOOKS 004

ロビンへの手紙 ペンデュラムダウジング集中講座

2021年 7月9日 第1刷発行

著　者　ウォルト・ウッズ
訳・解説　加藤 展生
発　行　ホノカ社
〒571-0039 大阪府門真市速見町5-5-305
電話 06-6900-7274　FAX 06-6900-0374

印刷所　シナノ印刷

ISBN978-4-907384-07-4 C0011

基本チャート

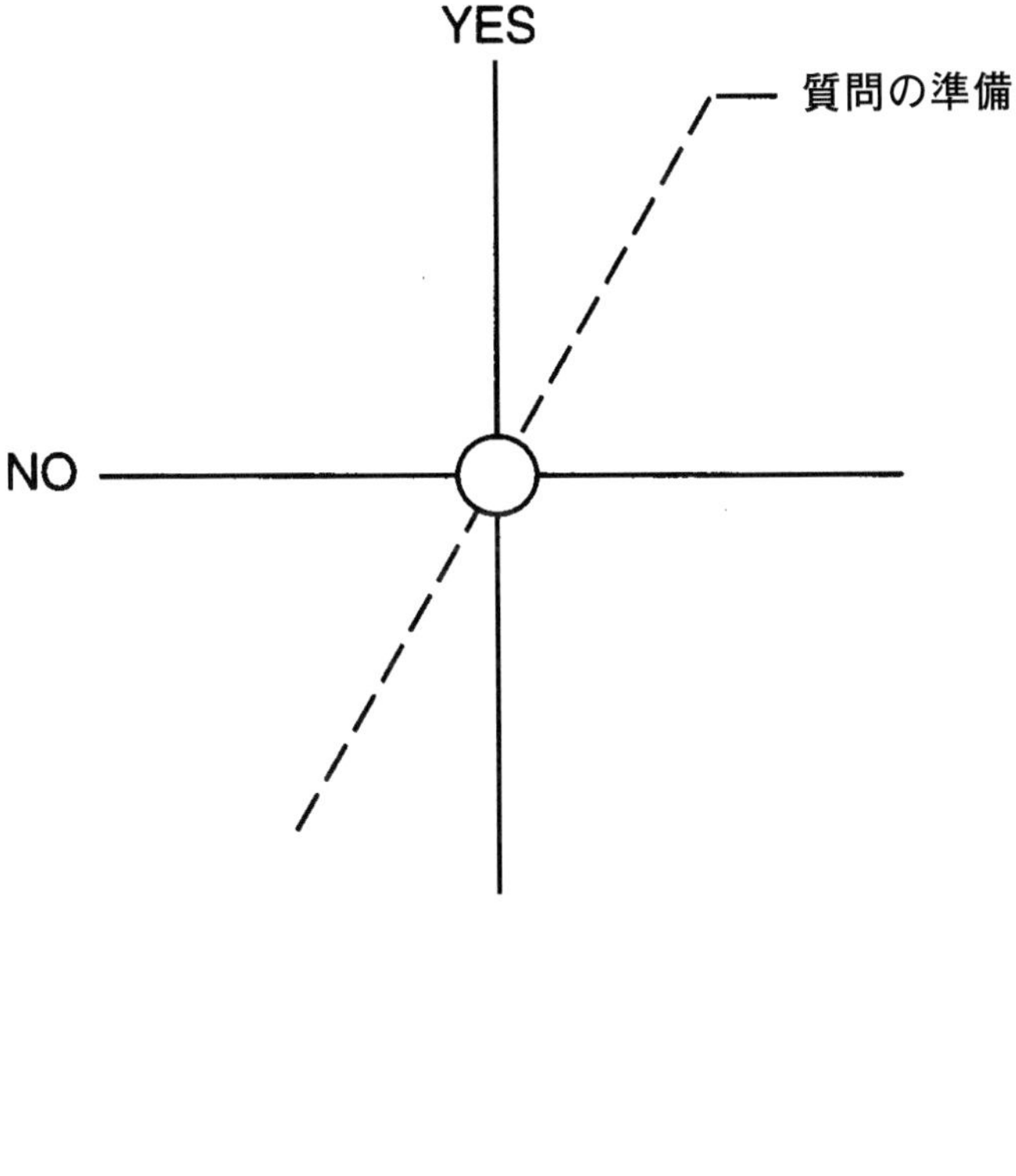

多目的複合ダウジングチャート

目的　多くの形式をひとつに複合した使用方法が容易なダウジングチャート。広い領域の異なったタイプの数々の質問をすることを可能にしました。

使い方　ペンデュラムを円の中心の上に持ち、「質問の準備」に向かってスイングさせて始めます。その中心から、「質問の準備」に向かうスイングがペンデュラムの動きが意味を示している部分です（「質問の準備」の線から外れたペンデュラムのスイングは無視をしてください）。質問をした後、質問に対して最も適当な番号、文字、言葉に注意や意識を集中させます。あなたの質問の回答において、「質問の準備」からペンデュラムの動きはあなたが意識を置いた領域に移動していくでしょう。それは、円の上部、下部、どちらにも動いて適切な答えをペンデュラムは探していきます（あなたの潜在意識やダウジングシステムはあなたの意識がどこに置かれているのかを知っているのです。また、言葉や心でのダウジングシステムへの指示をすることで、より円滑にそれは機能していきます）。下部の小さい円中にあるアルファベット記号では、ダウジングシステムが指示や警告を適切な時に与えてくれます。例えば「―Ⓡ― Red Flag」は次のことを意味します。留意、注意、警戒、再確認、注意深く進める、危険など。「MAY I, CAN I, SHOULD I」の質問は、基本の主題を変えるときは必ず行うことを忘れないようにしてください。

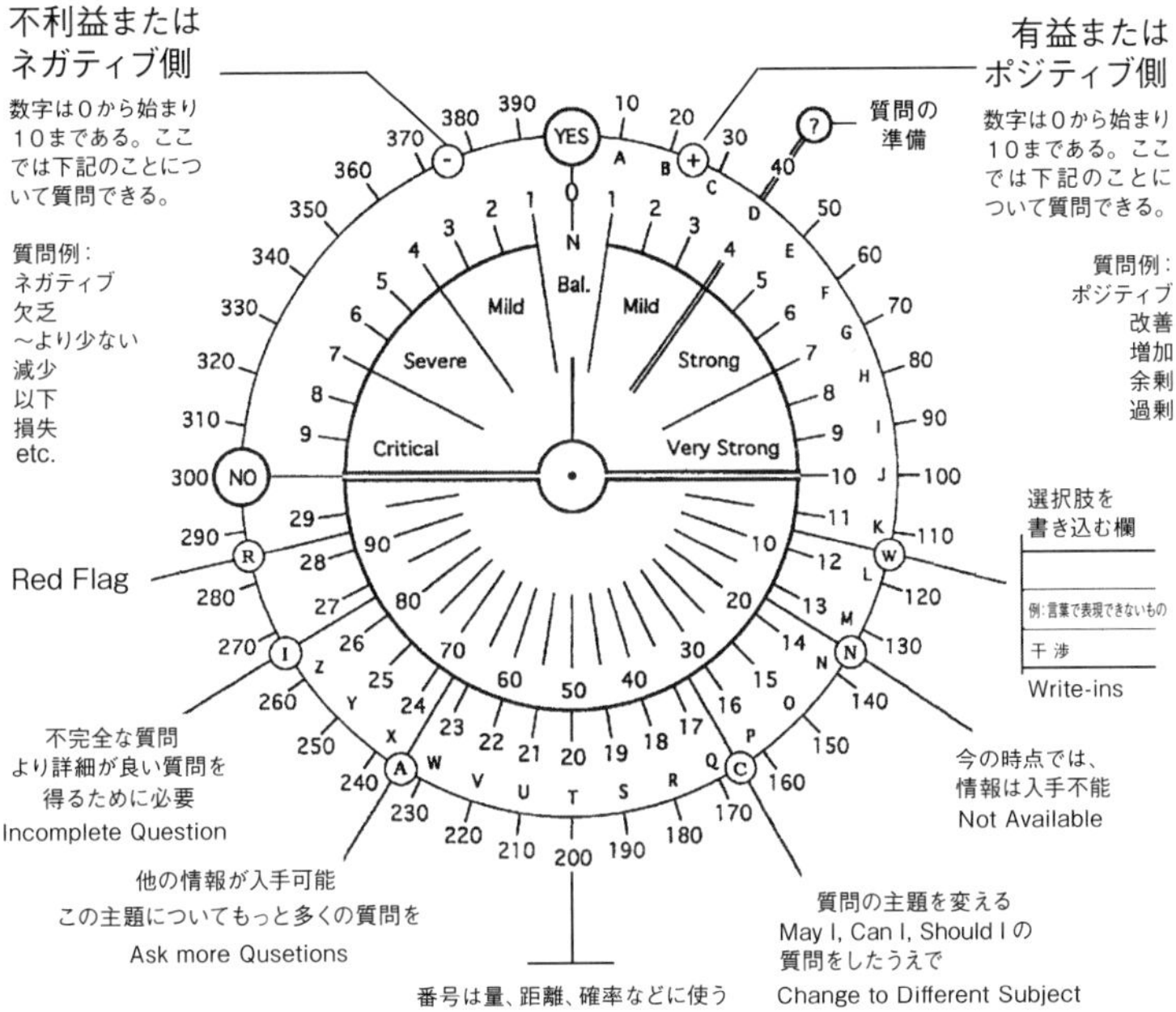

各チャートはJSDダウジング協会の
Webサイトからダウンロードできます。

http://dowsing.jp/robin/

ID dowsingjp　パスワード robin004

バランス＆パーセンテージチャート

B = Balanced	バランスされている
N = Normal	通常
M = Mild	軽度
S = Severe/Strong	重度／強力
VS = Very Strong	非常に強力
C = Critical	緊急

(-) = Loss	損失
Decrease	減少
Less than	不足
Deficiency	欠乏

(+) = Excess	過剰
Improved	改善
Increase	増加
Surplus	余剰

Numbers:	各数字
May be %	%
Degrees	程度
Amount, etc.	量その他

質問の準備

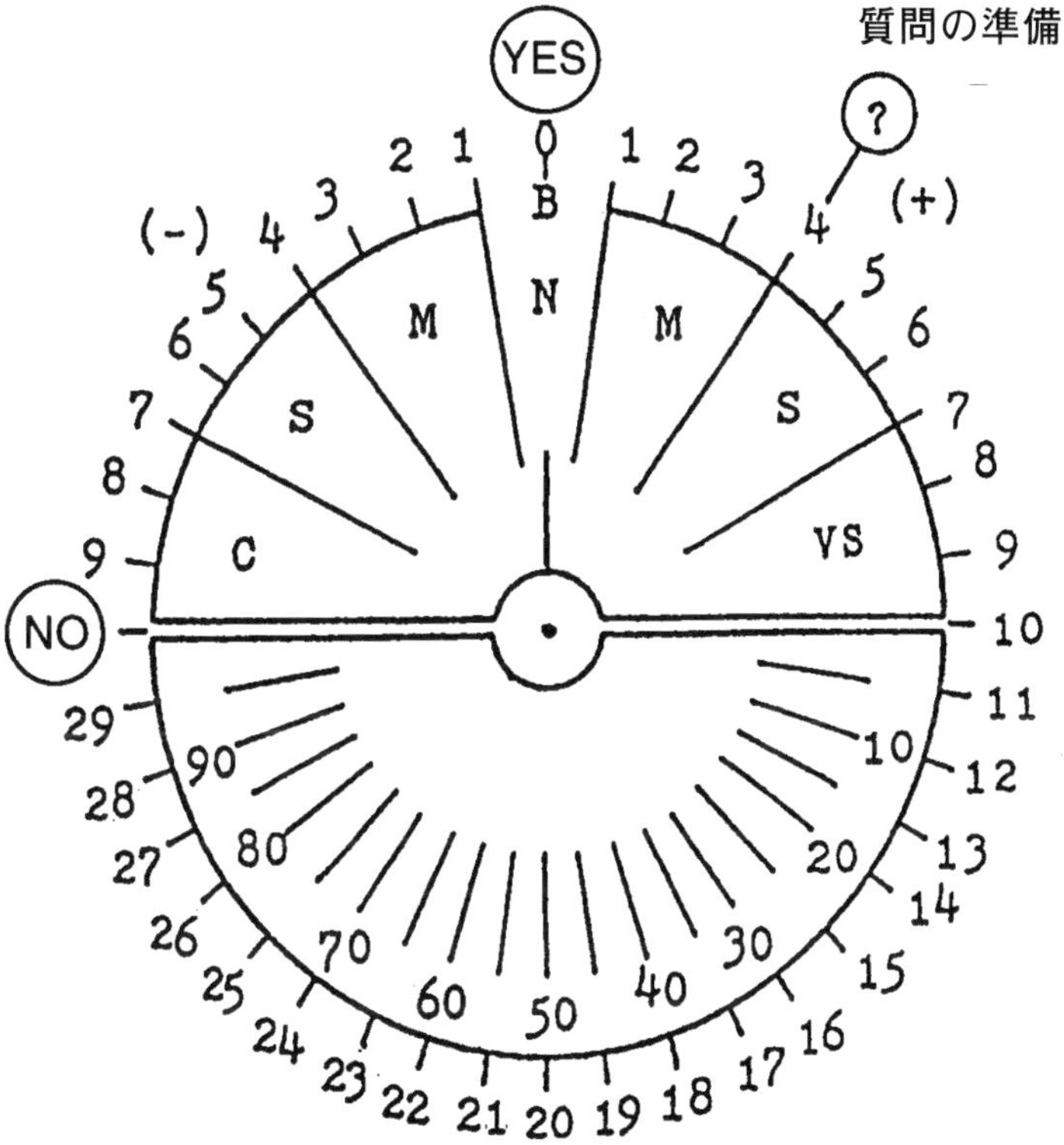
YES
NO
?
(-)
(+)
0
B
N
M
M
S
S
C
VS
1 2 3 4 5 6 7 8 9
1 2 3 4 5 6 7 8 9 10
11 12 13 14 15 16 17 18 19 20 21 22 23 24 25 26 27 28 29
10 20 30 40 50 60 70 80 90

ホノカ社 好評既刊

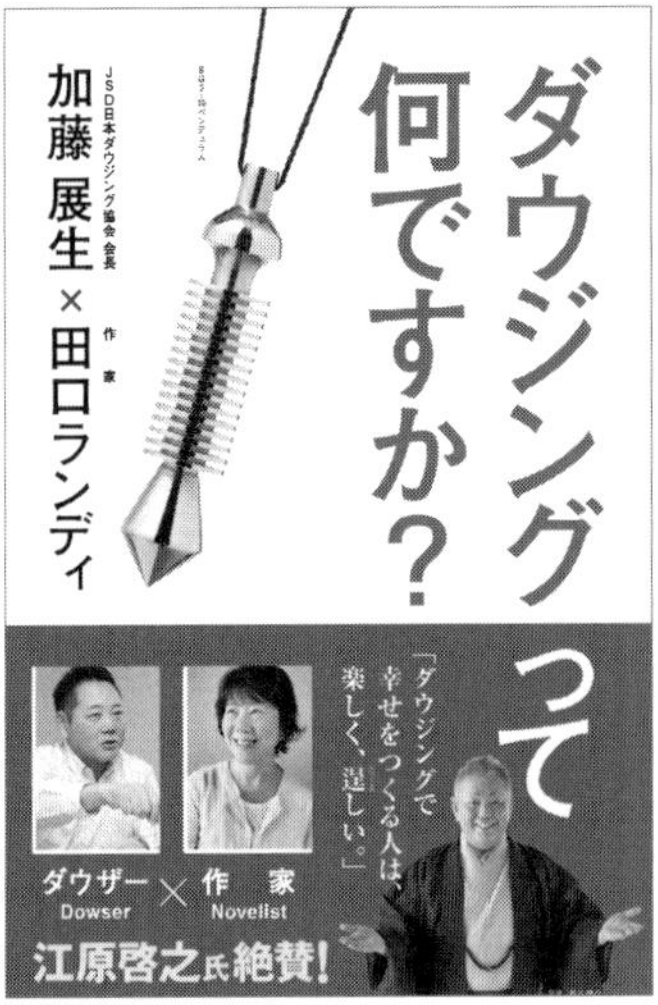

ダウジングって何ですか?

著者 **加藤 展生**、田口ランディ

作家田口ランディとプロダウザー加藤展生。未知の領域を冒険してきた二人が、潜在意識という〝叡智の泉〟の歩き方を語り下ろす。部屋のエネルギー調整法など実践的コラムも満載。

四六判ソフトカバー／189ページ

価格：1,200円＋税

ISBN978-4-907384-05-0 C0011

ホノカ社 好評既刊

エナジーダウジング

未知なるヒーリングテクニックを獲得する

著者 **加藤 展生** JSD日本ダウジング協会会長

初心者向けダウジング入門と、神聖幾何学形状エネルギーを活用した世界最先端のテクニック「エナジーダウジング」を一冊に。あなたのヒーリングレベルを次のステージに引き上げます！

四六判ソフトカバー／213ページ

価格：1,200円＋税

ISBN978-4-907384-03-6 C0011